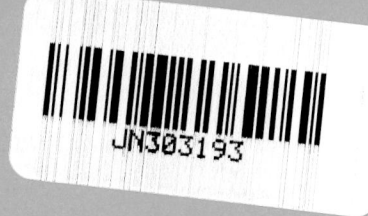

これからの介護・福祉事業を担う経営“人財”

介護福祉経営士テキスト

実践編Ⅱ

リーダーシップとメンバーシップ、モチベーション

成功する人材を輩出する現場づくりとその条件

宮野　茂　編著

JMP 日本医療企画

総監修のことば

なぜ今、「介護福祉」事業に経営人材が必要なのか

介護保険制度は創設から10年あまりが経過し、「介護の社会化」は広く認知され、超高齢社会の我が国にとって欠かせない社会保障として定着している。この介護保険制度では「民間活力の導入」が大きな特徴の1つであり、株式会社、社会福祉法人、NPO法人など多岐にわたる経営主体は、制度改正・報酬改定などの影響を受けつつも、さまざまな工夫を凝らし、安定した質の高いサービスの提供のため、経営・運営を続けている。

しかしながら、介護福祉業界全般を産業として鑑みると、十分に成熟しているとは言えないのが現実である。経営主体あるいは経営者においては経営手法・マネジメントなどを体系的・包括的に修得する機会がなく、そのため、特に介護業界の大半を占める中小事業者では、不安定な経営が多くみられる。

安定的な介護福祉事業経営こそが、高齢者等に安心・安全なサービスを継続して提供できる根本である。その根本を確固たるものにするためにも体系的な教育システムによって経営を担う人材を育成・養成することが急務であると考え、そのための教材として誕生したのが、この『介護福祉経営士テキストシリーズ』である。

本シリーズは「基礎編」と「実践編」の2分野、全21巻で構成されている。基礎編では介護福祉事業の経営を担うに当たり、必須と考えられる知識を身につけることを目的としている。制度や政策、関連法規等はもちろん、倫理学や産業論の視点も踏まえ、介護福祉とは何かを理解することができる内容となっている。そして基礎編で学んだ内容を踏まえ、実際の現場で求められる経営・マネジメントに関する知識を体系的に学ぶことができるのが実践編という位置付けになっている。

本シリーズの大きな特徴として、各テキストの編者・著者は、いずれも第一線で活躍している精鋭の方々であり、医療・介護の現場の方から教育現場の方、経営の実務に当たっている方など、そのフィールドが多岐にわたっていること

が挙げられる。介護福祉事業の経営という幅広い概念を捉えるためには、多様な視点をもつことが必要となる。さまざまな立場にある執筆陣によって書かれた本シリーズを学ぶことで、より広い視野と深い知見を得ることができるはずである。

介護福祉は、少子超高齢化が進む日本において最重要分野であるとともに、「産業」という面から見ればこれからの日本経済を支える成長分野である。それだけに日々新しい知見が生まれ、蓄積されていくことになるだろう。本シリーズにおいても、改訂やラインアップを増やすなど、進化を続けていかなければならないと考えている。読者の皆様からのご教示を頂戴できれば幸いである。

本シリーズが経営者はもとより、施設長・グループ長など介護福祉経営の第二世代、さらには福祉系大学の学生等の第三世代の方々など、現場で活躍される多くの皆様に学んでいただけることを願っている。そしてここで得た知見を机上の空論とすることなく、介護福祉の現場で実践していただきたい。そのことが安心して老後を迎えることのできる社会構築に不可欠な、介護福祉サービスの発展とその質の向上につながると信じている。

総監修

江草安彦
社会福祉法人旭川荘名誉理事長、川崎医療福祉大学名誉学長

大橋謙策
公益財団法人テクノエイド協会理事長、元日本社会事業大学学長

北島政樹
国際医療福祉大学学長

（50音順）

組織マネジメントは、なぜ必要か
～介護業界に必要な組織マネジメント

介護保険が施行されて10年が経過しました。今までの10年は、介護サービスの量的拡大・家族介護の延長・医療と介護無連携・家族的経営の時代であったと考えます。

これからの10年は、サービスの質の向上がなければ介護業界は生き残っていけないのではないでしょうか。何よりも、介護のプロの職員が必要であり、医療と介護のネットワークが構築され、組織的経営が実現される時代でなければならなくなりました(**図表１**)。

言い換えれば、日本全国の介護に従事する事業者や従事者が意識や姿勢を変える､革新(イノベーション)の時代になったということです｡このイノベーションをリーダーが行っていかなければ、生き残れない時代となったのです。

図表１●量的拡大から質的拡大へ

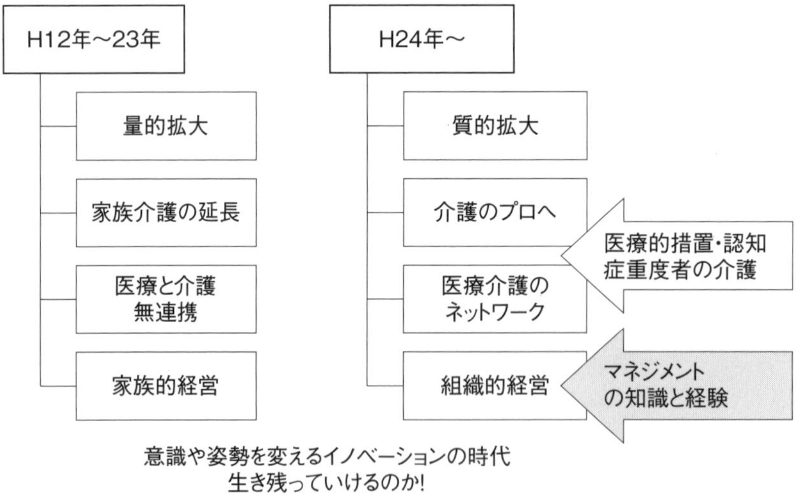

2000(平成12)年に介護保険制度が施行される以前の介護の業界は、マネジメントとは縁遠い業界であったと考えます。2000(平成12)年に介護保険制度が施行されてから、提供する介護サービスの「質」と「効率」が求められる時代となり、これを実践するリーダーが必要となったのです。事業を運営してい

くにあたっては、マネジメントを実行できるリーダーを、より多く育成することが求められるようになったということでもあります。

今こそ、事業運営にとっても、人材育成にとってもマネジメントが必要な時代が到来したのです。介護福祉経営士を目指す皆様が、本書を通して、マネジメントの重要性とその実践に向けたハウツーを学ばれることを願っています。

宮野　茂

CONTENTS

第1章

マネジメントの基礎知識

1 マネジメントとは何か

2 介護事業に求められるマネジメントとは

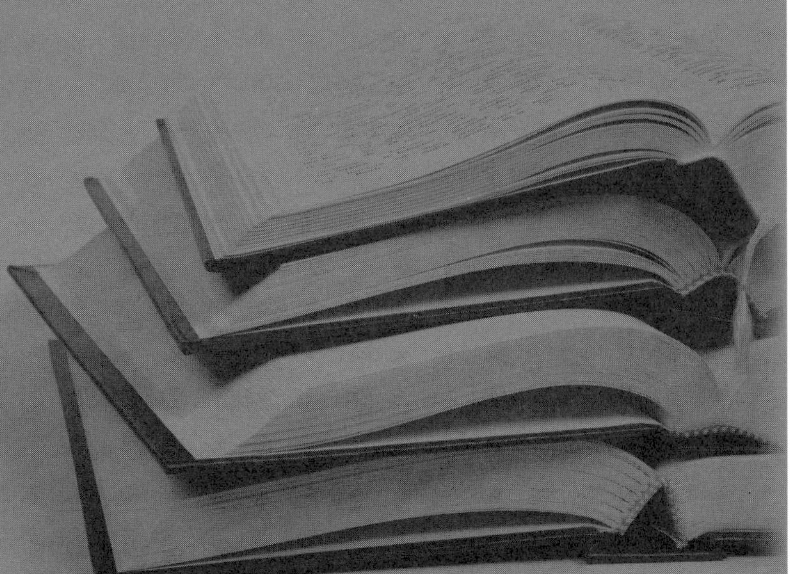

1 マネジメントとは何か

マネジメントとは、マネジメントの神様であるドラッカーが**図表1-1**の通りに説明しています。この内容は介護福祉事業者にとっても、一つひとつが重要な項目です。この内容が理解できるかどうかが、マネジメントを知っているかいないかのリトマス試験紙かもしれません。

図表1-1●マネジメントの基礎知識

事業	・企業の目的は顧客の創造 ・我々の事業は何か ・顧客にとっての価値 ・知りながら害をなすな
組織	・考える組織を作る ・自ら変化をつくりだす（イノベーション）
管理者のリーダーシップ	・部下の強みを活かす責任 ・信頼する
成果	・優先順位を決める ・選択と集中 ・対立なければ決定なし
成長	・自らの強みに集中する ・真摯こそ成長

マネジメントの基礎知識のなかでは、管理者のリーダーシップが特に重要となります。部下の一生は、上司によって決まるといってもよいかもしれません。良い上司は部下の悪い点を見ず、強みを見つけて伸ばすことができなければなりません。

マネジメントのできる部下を育てるためには、上司がいかに部下の強みを把握し、その強みを活かして課題を解決していくことができるかが重要であり、それこそがマネジメントにおけるリーダーシップといえます。これからの事業所には、自ら考えるリーダー（管理者）が必要なのです。2025(平成37)年の将来像に向けての第一歩となった2012(平成24)年度の介護報酬改定を踏まえて、自分の事業所はどう変わればよいのかを考えるリーダーでなければならないのです。上司(経営者)に言われてから実行する、リーダーではいけないのです。

優秀なリーダーがいて自事業所の「課題は何か」「解決するための目標は何か」を理解し、目標を達成するための計画があることが、元気のある事業所であるための条件になります。目標に向かって成長していくことができる元気のある事業所と、元気のない事業所には、**図表1-2**のように明確な差があります。

さて、優秀なリーダーには、自事業所のありたい姿(ビジョン)がイメージでき、イメージの実現に向けた具体的な目標設定ができることが求められます。そのビジョンを実現するためには、チームの課題は何かを具体的に理解し、その課題を解決するための計画を作成し、実行するための部下(片腕)を育成しなければなりません。部下(片腕)とリーダー(上司)が、協力して計画を実行することで、チーム職員間に「コミュニケーション」が生まれ、その結果として「チームケア」の実践が可能となります。

このようなリーダーを育成することが、人材育成のマネジメントということです。さらにいえば、このようなリーダーのもとにいる職員

図表1-2●元気のある事業所と元気のない事業所

元気のある事業所	元気のない事業所
□利用者が多い(収入が多い) □職員が定着している(モチベーションが高い) □優秀な管理者がいる □会社の経営内容が職員に公開されている □ありたい姿が明示されている □有給休暇がとれる環境にある □残業が少ない □給料が程々にはある □課題(目標)が設定されている □研修が充実している	□利用者が来ない(選択されない) □職員がどんどん辞めていく □経営者が何をやっているのか見えない □有給休暇はとれず、サービス残業ばかり □事業所の問題は何もないと思っている □「研修なんか時間のムダ、お金がもったいない」と思っている

と利用者を幸せにする仕組みこそがマネジメントだといってもよいでしょう。マネジメントのできるリーダーのいるチーム（組織）と、そうでないチームでは大きな格差が生まれることとなります。

しかし、マネジメントのできるリーダーは、一朝一夕には育成できません。最低でも５年はかかると考えておいたほうがよいでしょう。「時間がかかるから」と育成しなければ、いつまでたってもマネジメントを行えるリーダーはできません。

2 介護事業に求められるマネジメントとは

マネジメント（management）とは、目標・課題を達成するために必要なことを分析し、成功するための行動と言われています。筆者らは、介護福祉の業界において求められるマネジメントは２つあると思っています。１つ目は、事業を運営（サービスの質・経営効率等）するために必要なマネジメント。２つ目は、人材（人財）を育成できるリーダーを育成するためのマネジメントです。

1 事業運営のマネジメントとは

事業運営のマネジメントとは、中長期の事業計画を立案し実行することです。2012（平成24）年現在で考えれば、次改定の2015（平成27）年を見据え、この３年間に何をやるべきなのかという中期のビジョンが会社には必要なのです。皆さんの事業所には、組織の目標とありたい姿（ビジョン）はあるでしょうか。

事業運営のマネジメントを行うためには、以下の３つの条件が必要となります。

①共有された組織の課題・目的が、見える化されていること（何のために行うのかが明確になっていること）

②目標を達成するための計画があること（「いつ」「誰が」「どうやって」行うのかが明確になっていること）

③計画を実行できるリーダーがいること

2 リーダーの育成マネジメントとは

あなたの組織は、共通の課題・目標のために複数の職員が成果をめざして動くことができているでしょうか。そのためには何が必要なのかを理解しているでしょうか。この理解ができる人が、優秀な職員を育成することができるのです。

人間は、一人ひとり異なる性格、気質、価値観、事情といったものを持っています。色々な価値観を持った職員が、課題にチャレンジするからこそ、良いアイデアが生まれるのです。

課題・目標を達成する過程には、部下（片腕）とのコミュニケーションが必要です。部下とコミュニケーションをとるためには、コミュニケーションのスキルが必要となります。このマネジメントを引き出すのが、リーダーの人材育成マネジメントなのです。

①リーダーは、チームの構成員を勇気づけなければなりません

②部下に課題を与え、やる気の出るような助言をしなければなりません

③うまくいったらほめなければなりません

確認問題

問題1 チームに目標・課題があるかをチェックしてみましょう。以下の項目のうち、該当するものにチェックをしてください。

□チームの課題は把握している(優先順位も)

□チームの課題は、チームメンバーと共有されている

□課題解決の計画は、作成されている

□課題解決のために毎月1回は、チームメンバーと話し合いがされている

□チームの課題(目標)を解決するために期限が決められている

□チームの課題をメンバーと解決した経験がある

□課題解決ができたメンバーを、ほめたことがある

問題2 コミュニケーションスキルがあるかをチェックしてみましょう。以下の項目のうち、該当するものにチェックをしてください。

□相手が話しやすい雰囲気づくりをしている

□相手の話に対して、うなずきやあいづちは多いと思う

□相手の話は、最後まで聴くようにしている

□相手の感情や思いを聴き取ろうと心がけている

□話を聴くときには、質問もよくしている

□相手が考えているとき、沈黙して待つことができる

□相手に応じてわかりやすく話すように努めている

□仕事がうまくいったときは、言葉を掛けるように努めている

□日頃、笑顔でいるようにしている

確認問題　解説

解説 1

問題１は、チームに目標・課題があるかの確認をしました。このチェック表のチェックが、１つも入らないチームは目標や課題がないということです。チームに課題がなければ良好なチームケアはできないのです。早急に目標、課題を考える必要があります。

解説 2

問題２は、リーダーにコミュニケーションスキルがあるかのチェックです。９問のチェック表の項目の中で、６問目の「相手が考えているとき、沈黙して待つことができるか」は特に重要です。相手が考えているときに、あなたは、つい自分の意見を先に言ってしまいませんか？　部下の意見をきちんと聴く姿勢が必要なのです。あなたは、無言で部下が話をしてくるまで待てますか？
リーダーは、いきなり自分の意見をだしてはいけません。部下の意見や考えを引き出すことが必要なのです。

第2章

リーダーに必要なマネジメントスキル

1 マネジメントスキルを理解する

筆者らは、介護福祉事業におけるリーダーのマネジメントスキルを3つの力、10の要素に定義しました（**図表2-1**）。これらを理解し、自分の強み・弱みに気づき、自らの強みを伸ばしていくことで、自事業所の課題が解決できるリーダーが育成されるのです。

介護福祉事業の基盤づくり（マネジメント）とは、リーダーの能力とやる気（モチベーション）を高めることです。人づくり・チームづくりのマネジメントは、まず個人のマネジメントスキル（強み・弱み）の確認となります。その上でチームの課題を発見し解決していくのです。チームの課題を解決していくプロセスのなかでコミュニケーションが生まれるのです。まずは、自分自身のマネジメントスキルの強み・弱みを確認してみましょう。

この際に注意しなければならないのは、「3つの力と10の要素すべ

図表2-1●チームケアに求められるリーダーのマネジメント能力とは

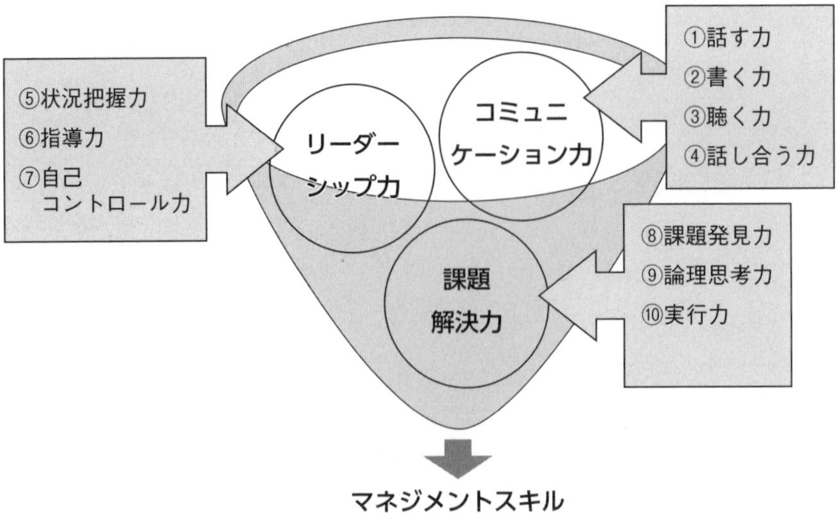

てが強い」などという人はいない、ということです。自身を客観的に判断し、リーダーシップ力・コミュニケーション力・課題解決力のなかでもっとも強いと思うスキルを見つけることが大切です。この強みを伸ばすことです。強みを伸ばすと弱みは自然になくなります。

また、部下（片腕）の強みも確認してください。リーダー（上司）と部下（片腕）がお互いに強みを確認することから、コミュニケーションが生まれることになります。職場で実践してみてください。

マネジメントスキル確認シートの各項目を説明していきます。

2 コミュニケーション力

コミュニケーション力とは、チームの課題を解決するプロセスのなかで、チームの職員と話し合う力です。ここでは話す力、書く力、聴く力そして話し合う力の４つの要素から考えていきます。

1 話す力

自分の意見をわかりやすく伝えているでしょうか？　伝える努力をしているでしょうか？　簡潔明瞭に物事を正確に伝えるためには、事前に話す内容の構成を意識してメモを作らなければなりません。必要に応じて適宜要約や図表等を駆使して話さなければなりません。

自分の意見を理解してもらうためには、事前の努力が必要なのです。皆さんは、重要なテーマを話す場合にメモを作成して臨んでいますか。会議に臨む場合にも同様に、構想メモで事前の準備をしていますか。

メモに沿って話をして、部下に伝わったかを確認する必要があります。自分の意図が、正しく伝わっているのかの確認は、部下に再確認しなければなりません。正しく伝わらなければお互いに不幸となるのですから注意が必要です。

2 書く力

書く力とは、正確な記録や読みやすい報告文などが作成できる力ということになります。介護保険のサービスは、どの場面においても記録（帳票管理）が重要ですが、介護職には、帳票の記録を書くのが苦手な方が多いようです。しかし、介護計画を作成するのに時間を取るのは、書き方の訓練がされないまま現場に配属されたためで、教育体制が不十分であったために無駄な時間を取ってしまっているのではないでしょうか。お互いに無駄な時間を取らないためにも文章を書くための研修を受けさせておくことが、残業時間を減らす要因ともなるのではないでしょうか。

昔は、上司が文章の添削をしてくれていたのが、今は上司もできないかもしれません。簡潔で分かりやすい文章を作るためには、作れるまでの時間と上司の教える努力が必要なのです。上司の皆さんの文章力は、いかがですか。

介護保険サービスを提供するにあたっては、介護計画と実施後の記録が残っていなければなりません。ついつい億劫《おっくう》となりがちですが、整備されていなければ、減算になることを覚悟しなければならないのです。ご利用者への介護サービスの記録が、残っていなければ利用者、会社にも不利益となるのです。

介護保険制度は、記録しなければならない帳票類が多いのが特徴です。介護保険で事業を行っているのですから帳票類を正確に要領よく記録しておかなければなりません。

3 聴く力

ここでいう聴く力とは、他者の意見を丁寧かつ正確に聴くことができる力のことです。上司の皆さんは、部下から相談を受ける時に部下の顔（目：アイコンタクト）を見て話を聴いていますか？　パソコンの画面を見ながら話を聴いているということはないでしょうか。筆者らの調査によれば、介護の現場のリーダーのなかにも、パソコンを見ながら部下の相談を受けていたという人が多いのです。聴く力の前提として重要なことは、顔を見て話をすることが必要です（丁寧かつ正確に聴く)。聴くことは、相手の顔を見ることから始まるのです。コミュニケーションの基本は、相手の顔(目)を見ることが基本です。

またよくある上司の例ですが、部下の話を最後まで聞かずに自分の意見を言ってしまう人が多いのではないでしょうか。「最後まで部下の話を聴く」という姿勢が、「丁寧かつ正確」ということなのです。部下の話は最後までゆっくり聴き、さらに言葉以外のメッセージ(口調、視線、態度)も理解しなければなりません。部下がどのような思いで相談してきたのか、部下はどのように解決したいのかを聴いてから、意見を述べることが求められます。部下に質問して、回答が返ってくるまで沈黙の時間を待つことができる、懐の深い上司とならなければならないのです。

リーダーの皆さんは、部下からの相談に時間をかけて聴いてあげる努力をしているでしょうか。「仕事が忙しいから部下の話なんて聴く時間はない」というようなリーダーがいたとすれば、そのリーダーの下にいる部下は不幸です。

4 話し合う力

話し合う力とは、他者の意見を踏まえ建設的な議論ができる力をいいます。会議の現場で異なる意見を調整して、合意形成ができるリーダーがあなたの職場にいるでしょうか。討議の目的や時間配分を考えながら、効果的な会議の進め方をしていますか？　事前に会議の進め方の構想メモを作成していますか？

リーダーは、出てきた意見を整理しながら自分の意見を説得力を持って主張することができますか？　日頃の会議においても、マネジメント力が必要なのです。

会議の目的は何かを絶えず意識して、会議の流れをとらえているリーダーがいれば、会議も有意義な時間となります。皆さんの会議は、目的(議題)を意識して進んでいますか。

5 演習

コミュニケーション力のなかで、自分の強みは何かを確認してみましょう。確認シート（**図表2-2**）にチェックを入れてみてください。自分自身の強み・弱みは確認できましたか？　もっとも強いスキルは、現場でどしどし活用してください。逆にもっとも弱いスキルは、日常の仕事のなかで気にかけてください。自分自身の「気づき」が、必要なのです。

図表2-2●コミュニケーション力の評価

要素	内容	評価尺度	自己評価	上司評価
話す力	自分の意見をわかりやすく伝える力	根拠を明確にして適切な自己主張ができる		
		常に目的と聴き手を意識して話すことができる		
		簡潔明瞭に、ものごとを正確に伝えることができる		
		構成を意識して、筋道立てて話すことができる		
		適宜要約や具体例を入れてわかりやすく話すことができる		
書く力	正確な記録や読みやすい報告文などが作成できる力	話を聴きながらメモをとることができる		
		常に目的と読み手を意識して文章を書くことができる		
		簡潔明瞭に、ものごとを正確に伝える文章を書くことができる		
		構成を意識した文章を作成することができる		
		具体例や理由を示してわかりやすく説明した文章を書くことができる		
聴く力	他者の意見を丁寧かつ正確に聴くことができる力	相手に関心を持ち、それをあいづちなどによってフィードバックできる		
		相手が話しやすい雰囲気をつくることができる		
		話を正確に理解するための確認や質問を行うことができる		
		話の背景や前提を引き出すための質問ができる		
		相手の話を正確に理解し、意味を変えずに要約や言い換えができる		
話し合う力	他者の意見をふまえ建設的な論議ができる力	討議の目的・時間配分・効果的な進め方を意識している。		
		論点のずれを指摘したり、軌道修正したりすることができる		
		対立を恐れず、自分の意見を説得力をもって主張することができる		
		話の流れを整理するための視覚化（図解）や構造化（統合）ができる		
		異なる意見を調整して合意形成を行うことができる		

3 リーダーシップ力

リーダーシップ力とは、チームの課題を解決するプロセスのなかで職員を励まし叱咤して引っ張って行く力のことです。リーダーシップ力には、状況把握力・指導力・自己コントロール力があります。以下、それぞれ具体的にみていきましょう。

1 状況把握力

状況把握力とは、ものごとの状況や関係性を理解する力です。皆さんの職場で事故が起こってしまったときに、事故の起こった状況を収集し客観的に分析することができているでしょうか。「客観的に分析する」ということは、複数の報告を整理し、自分の言葉にして、関係者に伝えることができるということです。より良い解決に向けて、周囲の人々の利害を調整することができているでしょうか。関係する職員の気持ちになって解決方法を考え、関係する職員に役割を割り当てることができるかどうかが大きなポイントになります。

また、相手に応じてコミュニケーションのスタイルを変えることも大切です。相手が、どのような感情を持っているのかを推測し、どのように対応するかを考えなければなりません。相手の気持ちもわからずに事故は対応できません。ひとつ間違えれば、火に油を注ぐこととなりかねません。事故の対応について、状況把握力がなければ適切に処理できませんし家族の苦情にも対応できないこととなります。それとお互いに不快な時間を費やすことになります。

2 指導力

指導力は、他者に働きかけ、やる気にさせ、目標に向かわせる力です。チームケアに必要なのは、チームに「目標や課題」が必要であると説明しました。チームメンバーと「目標を共有することができ」、「課題を解決するプロセスで協力を求める働きかけを行う」ことが重要です。メンバーの強み（良い点）を観察し伸ばすことが必要となります。ここで協力を求める職員は、部下（片腕）としてイメージした職員であることを忘れてはいけません。

3 自己コントロール力

自己コントロール力とは、自分の感情や行動をコントロールできる力です。リーダーは、仕事場に入れば気分が悪かろうが、部下の職員や利用者・家族に対して不快な顔をしてはいけないのです。感情が顔に出ている場合には、「これではいけない」と気づく必要があります。感情のおもむくままに、叱ったり行動したりしてはいけないのです。部下・利用者・家族等の周りに悪い影響を、与えてはいけないのです。周りの職員に苦手意識を持つことも厳禁です。絶えずポジティブな考え方やモチベーションを持つことが必要なのです。

自己コントロール力で大切なことは、体調が悪い時に顔に出ていることがまずいと気づいているか、という点です。**気づきがあるか、ないかが重要です**。

4 演習

リーダーシップ力のなかで、自分の強みは何かを確認してみましょう。確認シート（**図表2-3**）にチェックを入れてみてください。自分自身の強み・弱みは確認されましたか？　もっとも強いスキルは、現場でどしどし活用してください。逆にもっとも弱いスキルは、日常の仕事なかで気にかけてください。自分自身の「気づき」が、必要なのです。

図表2-3●リーダーシップ力の評価

要素	内容	評価尺度	自己評価	上司評価
状況把握力	ものごとの状況や関係性を理解し対応する力	チームの状況を客観的に理解し、最適な行動をとることができる		
		個々のメンバーの個性、能力、状況に応じた配慮ができる		
		組織から求められている自分の役割を理解できる		
		よりよい解決に向けて、周囲の人々の思惑や利害を調整することができる		
		相手に応じてコミュニケーションのスタイルを変えることができる		
指導力	他者に働きかけ、やる気にさせ目標に向かわせる力	メンバーと目標を共有することができる		
		メンバーに協働を促す声かけや働きかけができる		
		メンバーの言動をよく観察し、適宜フォローすることができる		
		他者の言動のよい点や改善点を適切に評価できる		
		一方的に進言せず、相手に気づかせ考えさせることができる		
自己コントロール力	自分の感情や行動をコントロールできる力	動揺したり落ち込んだりしても、すぐに気持ちを切り替えることができる		
		メンバーに対して苦手意識を持たない		
		ポジティブな考え方やモチベーションを維持することができる		
		経験から学んだことを次の言動に活かすことができる		
		自分の能力やスキルを向上させる努力を行うことができる		

4 課題解決力

課題解決力とは、チームの問題点を抽出し解決できるまでチームの職員を引っ張って行く力です。課題発見力・論理思考力・実行力の３つの要素に分けることができます。

1 課題発見力

課題発見力は、現状を分析し、本質的な問題を明らかにする力のことです。皆さんの職場には、目標や課題があるでしょうか。あれば問題ないのですが、ないチームには、チームケアがないことが想像されます。まずは現状を正しく認識し、必要な情報を集めることが必要です。情報が正しく集められ、いくつかのチームの課題が抽出されれば、そのなかで優先順位を整理し、課題を設定することが重要となります。１年をかけて解決しなければならない課題が、選択されなければなりません。

2 論理思考力

論理思考力は、解決すべき課題を的確に捉え、論理的に考える力です。実際に課題を解決するために、その前段階として課題を正しく把握しなければなりません。そこで求められるのが論理的に考える力です。

3 実行力

実行力は、課題解決・目標達成に向けて確実に行動する力です。課題解決に向けて、自ら変化を求め率先して行動することが必要となります。そして部下に協力を求め、進捗状況をチェックしながら、柔軟に計画を実行できることが必要です。

さらに困難な状況でも、目標に向かって粘り強く取り組むことが必要なのです。

部下は、上司の大変さはわかりません。上司の大変なところを部下に話すことも重要です。部下に協力を求めるためには、部下に弱みを見せることも必要なのです。

4 演習

課題解決力のなかで、自分の強みは何かを確認してみましょう。確認シート（**図表2-4**）にチェックを入れてみてください。自分自身の強み・弱みは確認されましたか？　もっとも強いスキルは、現場でどしどし活用してください。逆にもっとも弱いスキルは、日常の仕事ななかで気にかけてください。自分自身の「気づき」が、必要なのです。

図表2-4●課題解決力の評価

要素	内容	評価尺度	自己評価	上司評価
課題発見力	現状を分析し本質的な問題を明らかにする力	現状を正しく認識するために必要な情報収集を行うことができる		
		既成の枠組みにとらわれないで自由な発想を行うことができる		
		現状を正しく認識するために多角的に検討することができる		
		問題の関連性などをわかりやすく整理することができる		
		制約条件や優先順位を考慮し、課題を設定することができる		
論理思考力	課題を的確に捉え論理的に考える力	事実と意見・感情を区別してとらえることができる		
		経験や具体例を一般化（抽象化）したり、抽象例を具体化することができる		
		ものごとの背景（原因）や影響（帰結）を筋道立てて考えることができる		
		ものごとを俯瞰して、構造的にとらえることができる		
		問題を吟味し、深く掘り下げて考えることができる		
実行力	課題解決・目標達成に向けて確実に行動する力	実施に向けた具体的な手順を考えることができる		
		ゴールイメージを明確にしながら作業を進めることができる		
		自ら率先して積極的に行動することができる		
		進捗状況をチェックしながら作業を進めることができる		
		困難な状況でも、目標に向かってねばり強く取り組むことができる		

5 マンダラートシートの活用

ここまで、コミュニケーション力、リーダーシップ力、課題解決力の3つの分類ごとに、マネジメントスキルを評価してきました。自分自身の強みと弱みが明確になってきたはずです。それでは、その自分自身の強みを職場で活用するとすれば、どのような場面が想像できるでしょうか。ここでは、マンダラート法[1]に基づき、マンダラートシートを使って考える方法を学びましょう。

1 マンダラート法とは

マンダラートシートとは、個人の頭のなかを整理するツールです。あなたの頭のなかにある課題を3×3の9つのマスの中央に書いて、その周りの8個のマスにそこから連想されるものを順番に書いていくというものです。記入するマスが8個ですので、思いつくままにマスを埋めていきます。

8マスが埋まったら、そのなかで、最優先で解決しなければならないもの、さらに深めていきたいものを選び、その新たに選んだものを次のシートの中央に記入し、先ほどと同様に8マスの空欄を埋めていきます。

これを繰り返していくことで、漠然としていたものが具体的になり、何をすればよいのかが明確になってきます。マンダラートシートの使用例を記載しますので参考にしてください(**図表2-5**)。

1：今泉浩晃氏によって考案された発想支援方法
（株式会社ヒロアートディレクションズ：http://www.mandal-art.com/）

図表2-5●マンダラートシート使用例

目標・課題を与える	定期的な話し合いを持つ	部下を評価する
部下とのコミュニケーションをとる	**部下を育成するには**	部下の弱み・強みを理解する
自分自身で育成関係の本を読む	部下をほめる（叱る）	社内・外研修を行う

コミュニケーションスキル研修	接遇研修	話し方・書き方研修
指導者研修	社内・外研修を行う	介護保険制度研修
介護技術研修	ほめ方研修	マネジメント研修

定期的に飲み会を開催する	コミュニケーションスキル研修を受講させる	聴き方の態度を変えてみる
定期的会議を開催する	部下とのコミュニケーションをとる	叱って反応を見る
昼食会を行う	座席を変える	定期的面談を実施する

確認問題

問題 1

**実際にマンダラート法に基づいて、自身の強みについて確認していきましょう。
シートの中心に自身の強みを記入してください。
周りの８つのマスに職場での強みを活用する場面を想像して、記入していきましょう。**

第3章

組織マネジメントができるリーダーの育成

1 組織マネジメントとは

2 現場の課題の抽出

3 リーダーの役割

4 課題解決の実際と有効なステップ表

1 組織マネジメントとは

組織マネジメントには、目標管理が必要となります。目標管理とは、介護福祉経営の現場のリーダーに到達すべき目標設定とその計画の作成およびモニタリング（管理）を任せることで、事業サービスの成果を上げるマネジメントの仕組みです。目標管理のできるリーダーとは、自分のマネジメントスキルを理解し、自事業所（チーム）の課題を抽出しチームの目標を達成するためにチームを引っ張っていく人材（人財）でなければなりません。

目標管理は、上司が部下と一緒に目標を作り、計画を立て行動することです。従来の目標管理は上司が命令して行うものでしたが、近代の手法では、メンバーのモチベーションを上げる意味でも協力して行うことが重要となってきています。

メンバーのモチベーションを上げるためには、上司と部下が共通の目標を立て、協力してその目標を達成することが重要です。日常の業務のなかで、上司と部下が成功体験を積むことが、セルフエフィカシー（自己効力感の誘導：成功体験を経験させる）を体験させることになり、この経験が多くあればあるほど、モチベーションが上がるのです。

部下がこの成功体験を経験し、上司がほめてやることにより、モチベーションが上がらないわけがありません。

目標管理を実践するためには、①戦略、②戦術、③武器がなければなりません。戦略とは、ゴール（目標）であり何をするかです。戦術とは、道筋（計画）であり、どうやって達成するかです。武器とは、ツールであり何を武器とするかです。本章では今回の目標管理に使用する武器として、ステップ表と、前章でも登場した、ロジカルシンキングの手法であるマンダラート法を使用します。

2 現場の課題の抽出

リーダーは、現場の状況を確認（見える化）し、課題を解決するための目標を設定し、部下と課題を解決しなければなりません。自事業所のチームに目標があるからこそ、チームケアができるのです。チームに目標があり、この目標を達成するプロセスの過程でチームの強みや弱みが確認できコミュニケーション力が向上するのです。

リーダーには、チームの課題を「抽出させ」「目標を設定させ」「解決させ」「スキルを学ばせ」「経験させる」ことが重要となります。そのためには、チームに目標がなければなりません。チームの目標をいくつも達成させたリーダーは、本人も部下も大きく成長するのです。皆さんの事業所には、課題があるでしょうか。課題がなければ、そのチームにはチームケアは存在しないことになります。

1 ステップ① 課題の抽出および目標の選択

まずは目標を作ることから始まります。目標設定のためのロジカルシンキングのツールとして、前章で紹介したマンダラート法を利用します。

マンダラートシートの中央のマスにテーマ（事業所の課題）を記入し、周りの８つのマスに８個の事業所の課題を記入してください。次に８個の課題のなかの最優先で解決しなければならない課題を選択してください。選択された課題を解決することが、目標となります。

チームの目標は、１年間で解決する目標でなければなりません。リーダーと部下が、目標を共有し相互に納得しなければなりません。まずは、リーダーが、最優先と思った課題を部下と合意形成しなければなりません。部下が納得しなければ、計画は達成することはできません。

	事業所の目標・課題	

2 ステップ②　解決策の検討

マンダラートシートの中央のマスに、テーマ「課題解決のために何をするか」を記入してください。周りの８つのマスに事業所の課題・目標を解決する行動を記入してください。次に８個の行動内容に優先順位をつけてください。

優先順位は、一番できそうな行動計画から順位をつけていきます。そしてリーダーが順位をつけた行動計画について、部下と合意形成しなければなりません。しっかりと話し合い、両者が納得することが大切です。部下が納得しているのか、納得していないのかを読み取らなければなりません。ここでもコミュニケーションスキルが磨かれるのです。

	課題解決のために 何をするか	

3 リーダーの役割

1 部下（片腕）の選択

リーダーが人材を育成するにあたり、大切なことは「どのような人材が欲しいのか」というイメージを明確にすることです。リーダーの役割は、まず部下をイメージすることから始まるといえます。

部下とは、設定した目標・課題を解決するにあたり、協力してくれる存在のことです。部下と協力して課題を解決し、コミュニケーションを深めていくのです。

理解しておいていただきたいのは、部下が育成されれば、リーダー自身の仕事が減るということです。リーダーに余裕ができることは非常に重要なことです。緊急時（事故・災害等）にリーダーに余裕がなければ、有効な対応はとれません。部下が育成されてくれば、あなたが言いにくいことも、部下が言ってくれるようになるのです。

2 目標・課題の必要性

リーダーは、ビジョン（中期の事業計画）を明示し「目標」「課題」に向かってチームメンバーをまとめ、勇気づけ、課題の実現に向かって進めていく役割があります。「目標」「課題」を解決するプロセスのなかで、部下を「ほめる」「叱る」方法、つまり「コミュニケーションスキル」を学ぶことができます。リーダーと部下が、課題を共有して一緒になって解決することが育成と成長には不可欠となります。

4 課題解決の実際と有効なステップ表

1 ステップ表とは

ここでは「2　現場の課題の抽出」で抽出された課題を目標として、具体的に解決する計画をステップ表[2]で作成していきます。

ステップ表（**図表3-1**）は、課題を解決し目標を達成するために有効なツールです。筆者らは、このステップ表を活用して介護福祉の現場における課題解決を図っています。リーダーと信頼できる部下が目標と目標達成のイメージと、年間を通じての毎月の行動計画と具体的な行動内容を話し合い、役割を分担して解決していくものです。

2 課題を解決すれば素晴らしいことが起こる

ステップ表の作成の方法は、まず目標を決定することです。そして目標を達成できればどんな素晴らしいことが起こるかという達成イメージを考えます。目標を達成する計画を立て実行しても、素晴らしいことが起こらなければやる気をなくします。まずは、このことが重要です。

3 毎月の行動計画を考える

ステップ表の目標と達成目標が記入されたら、毎月の行動目標と具

2：創造的目標達成システム「ステップ表」は、塩川正人氏が考案したものです（日本能率協会マネジメントセンター）

図表3-1●ステップ表

課題解決シート　　作成日：　　年　　月　　日　　職場名

役職　　　　氏名

1. 目標：

2. 期間：　　　　〜

3. 設定理由：

4. 実施上の留意点：

①

②

③

目標達成のイメージ ⇒
（どんな事柄がどのようになっている）

ステップ7　いつまでに：
何をどうする：

ステップ6　いつまでに：
何をどうする：

ステップ5　いつまでに：
何をどうする：

ステップ4　いつまでに：
何をどうする：

ステップ3　いつまでに：
何をどうする：

ステップ2　いつまでに：
何をどうする：

ステップ1　いつまでに：
何をどうする：

ステップ目標　　達成方法・具体策（箇条書きで記入しましょう－5W2Hを使って）

上司コメント：

年　　月　　日　上司氏名：

体的な行動内容を考えます。ステップ表は、概ね６段階から７段階でできています。１ステップが、１か月の目標です。１か月に実施できる内容を考えるのです。あまり大きな行動計画にすると達成できませんので、１か月でできる内容にしてください。毎月の行動計画が作成できれば、最後に設定上の留意点等を記入して完成です。

毎月の行動内容については、「抽象的な表現になっていないか」を確認してください。抽象的表現になっていると、部下に説明するときに、具体的に何をやればよいのかが伝わりません。何をやるのかが伝わらなければ、部下と合意形成することはできません。ステップ表の作成において重要なことは、実施する計画が具体的内容でなければならないということです。

4 完成したステップ表をもとに部下に説明する

完成したステップ表は、部下に説明して合意形成をしなければなりません。部下が計画に納得して、協力してくれる気持ちにならなければ意味がないのです。ステップ表を実行する上で、部下が協力してくれることがチームケアを実践できる第一歩です。

リーダーがチームケアを実践するためには、組織マネジメントが必要であることは前章でも述べましたが、部下も組織マネジメントが実践できなければなりません。リーダーと部下が同時に組織マネジメントの経験をステップ表の計画を実行することを通じて経験していくのです。その際に、リーダーと部下の役割は、計画立案の時に明確に分担を決めておく必要があります。リーダーが部下に役割をお願いすることから、コミュニケーションが生まれるのです。リーダーと部下が協力して課題を解決できるようになると、チームの組織マネジメント能力は確実に向上してきます。

5 上司の協力を求める

完成したステップ表は、上司にも説明して協力を求める必要があります。せっかく実行するのですから上司にも説明して協力を得てください。

6 ステップ表は、チームの全員に公開

ステップ表は、A3程度に拡大コピーしてチームの職員が見えるところに掲示しておくようにします。詳細を説明する必要はありません。貼っておくだけでよいのです。特別に説明しない方が、興味を持って見るのです。見ている職員のなかで協力してくれる職員が出てくれば、さらによい状況が生まれます。

7 ステップ表は、“習うより慣れろ”

最初の1年目は、簡単な目標から始めてください。ちょっと背伸びすれば届くぐらいの目標がよいでしょう。1年目が過ぎれば、2年目はもっと高い目標にチャレンジできるようになります。部下が育成され、部下が主体でステップ表が動いていくこともできるようになります。3年目は、もっと慣れて部下が、リーダーの業務の一部を持ってくれるようになります。リーダーと部下以外にチームの職員が、課題解決のステップに協力してくれるようになります。

ステップ表は、最低3年間は続けることをお勧めします。3年間頑張ったチームと3年間何もしなかったチームとでは雲泥の差がつくことを、筆者は体験し続けています。素晴らしいチームが、いくつも生まれているのです。このような組織には、退職するような職員はいな

いのです。チームの課題が解決できるようになると、サービスの品質が向上するようになるのです。皆さんの事業所でも試しに実施してみてはいかがでしょう。

8 ステップ表のモニタリング

ステップ表の月ごとの行動計画は翌月の早い時期に、計画が達成できたのか、できなかったのかをリーダーと部下で話し合うことが必要です。計画通りできていればよいのですが、できなければできなかった理由をしっかりと確認しなければなりません。できなかった理由がリーダーと部下で理解されていれば、計画を修正すればよいのです。足踏みすることや再度翌月にチャレンジすることも必要です。リーダーと部下が、できなかった理由を確認し、計画を修正することが重要なのです。

1か月は、あっという間に過ぎ去ってしまいます。くれぐれも、やりっぱなしにならないように注意してください。進捗状況は、ステップ表の進捗状況チェック表（**図表3-2**）に記入していくと管理がしやすくなります。

9 ステップ表の評価結果

ステップ表のモニタリングは、月に1回行います。毎月の行動計画が、達成できたのか、できなかったのかという確認の作業が行われ、1年が経過した段階で最終の評価を行います。

最終の評価は、1年を通じてリーダーと部下が協力し、目標が達成できた月が何回あったのかの確認作業です。組織においては、いくつかのチームがステップ表を使用して切磋琢磨することが必要です。どのチームが優秀な成績を収めたのか、いい加減にやったチームはな

図表3-2●進捗状況チェック表

課題解決分析シート

（　　年　　月　　日 ～ 　　年　　月　　日）

職場名　　　　　　氏名　　　　　　グループ名

● 出来たこと No.	ステップ目標	達成方法・具体策	要因（どうして）	今後の方針・留意点

● 出来なかったこと No.	ステップ目標	達成方法・具体策	要因（どうして）	今後の方針・修正策等

月　　日作成

上司コメント：

年　　月　　日　　　　上司氏名：

かったのかを、公開の場で発表する必要があります。努力したチームが評価される場面が必要なのです。

この時に使用されるのが目標達成結果報告書です（**図表3-3**）。このシートを使用して発表を行います。他のチームが、どのような努力をしてきたのか、頑張ってきたのか、その内容を他のチームと合意形成する必要があります。良い点は、どしどし真似なければなりません。失敗の事例は、今後に気をつけなければなりません。いくつものチームが、いくつものリーダーと部下が、ステップ表を使用して成功体験を積むのです。この成功体験の数だけマネジメントスキルが、強くなるのです。

目標管理のステップ表を実践したチームは、１年目は大きな変化は見られません。２年目からが大きな変化となるのです。３年目になるとリーダーと部下だけでなく、他の職員が協力してくれるようになります。これができる体制は、チームケアができる組織であり組織マネジメントができる組織となるのです。職員のモチベーションが上がった組織は、サービスの質もリスクのマネジメントもできる組織となり、結果として常勤職員の定着率も上がります。毎年目標管理をステップ表で計画し、毎月の行動計画を達成していくことが大事です。

図表3-3●目標達成結果報告書

目標達成結果報告書　　事業所名　　氏名　　作成日：　年　月　日

設定した目標	目標達成のイメージ	設定期間
		～

各ステップの達成度　（◎・○・△記入）

S1	S2	S3	S4	S5

◎　出来た
○　少し出来ないところがあった
△　出来なかった

到達状況の自己評価	
（◎○△）	点数で表すと
	／100

KEY　FACTOR（目標達成の過程において、最も良かった事例をあげて下さい）

上司コメント欄　（あなたの上司に記入してもらいましょう）

年　月　日　上司氏名　㊞

第4章

事業計画の策定

1 事業計画とは

皆様の組織には事業計画があるでしょうか？ 「ある」と答える方がほとんどではないでしょうか。しかし、皆さんが思っておられる事業計画とは、1年間（単年度）の計画ではないでしょうか。ここで考えていただきたいのは、3年後を見据えた中期事業計画があるかということです。

ご承知のように、介護報酬は3年ごとに改定されます。そこで、介護事業経営にあたっては、次改定が行われる3年後を見据えた事業計画がなければなりません。自社の3年後の事業は、どうなっているのでしょうか。現状のままで良いのか、事業展開をする必要があるのか、具体的な戦略を考えておく必要があります。

そのうえで、新たな展開が必要であるとすればその内容は誰が考えるのか、実行するリーダーは誰なのか、資金計画は財務諸表で裏付けされているのか等、多くの観点で検討をしなければ、中期の事業計画は策定できません。介護福祉分野において事業の永続性を考える際には、この3年ごとの中期事業計画が大切となるのです。

1 事業計画を策定する理由

事業計画を策定する目的としては、

①介護保険収入を増やしたい

②事業計画をきちんと立案し事業プランやアイデアを実現したい

③陳腐化した既存事業を捨て、新たな事業を創出したい

④社内プロジェクトを推進するリーダーを育成したい

等があります。

事業計画を策定するメンバーは、策定する必要性を理解し実行できた時にはどんな素晴らしいことになるかをイメージできなければなりません。経営者は、中期事業計画を遂行するにあたり、この点を特に注意しなければなりません。

2 ビジョンの構築

ビジョンとは、企業が到達したいと願う将来像を示したものです。企業が到達したいと願う将来像は、経営理念と類似することもあることから、経営理念とビジョンは同義語として扱われることも多いようです。

この章では「3年後の自社のなりたい姿を具体的に表現する内容＝ビジョン」と考えていただきたいのです。ビジョンを全職員に周知徹底することで、企業が到達したいと願う姿を浸透させることができ、統一した方向性を「見える化」することにより職員に対する動機付けにもなるからです。

ビジョンを具体化するということは非常に重要なことであり、リーダー（幹部職員）にこのことを真剣に取り組ませる必要があるのです。これによりリーダーが、自ら考える組織を構築することができるようになるのです。上司から指示されなければ何もできない職員をつくるのではなく、自ら変化してチームを変革するリーダーでなければなりません。

3 事業計画策定の具体化

事業計画策定にあたりまずしなければならないことは、自事業所の姿を明らかにすることです。事業計画策定のステップは「どの分野で成長するのか」です。成長する分野は、既存サービスのなかでシェアを拡大するのか、シェアを拡大するためにはサービスの内容をどう変えていくのか。新規サービスを開発するのであれば、その市場は成長性があるのか、介護報酬が維持ないし高くなる可能性があるのか、顧客のニーズがあるのか等詳細に検討する必要があります。

例えば、2012（平成24）年度の制度改正では、定期巡回・随時対応型訪問介護看護が創設されましたが、この新しいサービスが利用者から受け入れられるのか、参入して利用者の確保ができるのかは重要となります。利用者から受け入れられることになれば、3年後は大きな市場となっていることが予想されます。制度が定着して大きな市場となったときに、自事業所はその変化に対応できているのか、という観点から考えなければならないのです。

4 自事業所は、競争力があるのか

自事業所は、

①ニーズある市場（規模・成長性・収益性）を狙えているのか

②市場ニーズに対して、自事業所はノウハウを持っているのか

③競争事業所に対して、優位性はあるのか

等の確認が必要となります。

自事業所の強みと弱みをリーダーが確認し、強みを伸ばすことが重要となります。

2 自事業所の状況を把握する

３年後の自事業所のありたい姿を実現するためには、売上高計画（介護保険収入を上げるための方策）、行動計画（顧客のニーズをかなえるための方策）、労務費計画（売上や行動計画を達成するための人的投資）等の具体的作成計画の検討が必要となりますが、この計画を立てる前に自事業所の置かれている状況を確認する必要があります。

1 ステップ① 自事業所の強みを分析する

市場、競合データから自事業所の強み・弱みを内部要因と外部要因に分けて分析します。自事業所は、市場のなかでどのような位置づけにあるのかを確認するのです。

「サービスプログラムには定評がある」など、自事業所が地域でのブランドになっているかを確認する必要があります。職員およびリーダーは、自事業所の何が強みなのかを理解しているでしょうか。外部のケアマネジャーは、どのように評価しているのか、顧客はどう評価しているのかを知っているのでしょうか。

自事業所の強みを理解するためには、ここまで何度も出てきたマンダラートの手法をここでも活用してください。マンダラート法により自事業の強みを知り弱みに気づかなければなりません。強みを伸ばし弱みに気づいて改善しなければならないのです。

マンダラートの演習

あなたの事業所（チーム）の強みを８個のマスに記入してください。そのなかでもっとも強いと思うものを選択してください。もっとも強いと思うことを伸ばすのです。強みをPRするのです。

	事業所の強み	

2 ステップ②　市場競合データの収集

自事業所が展開する営業エリアの情報について、どのくらい把握しているでしょうか。以下に挙げるような基本的な情報は、最低限つかんでおく必要があるでしょう。

①高齢者数
②要介護認定者数
③介護サービス受給者数
④競合事業者数
⑤競合の中で強力な事業者のサービス内容
⑥顧客のニーズ

リーダーは、自事業所の営業エリアの基礎データの収集が必要です。自事業所と競合事業者の差の確認を分析することが重要です。自事業所は、「他事業所と比較してサービスの評判が良い」「職員の対応が丁寧」等の評価が出れば一安心ですが、逆であれば至急に改善しなければなりません。

３年後のありたい姿になるための事業計画を策定し実行するためには、現状を分析するとともに職員の協力と理解が得られなければ、実現は絶対にありません。新たなサービスの創出をするのか、新規事業を展開するのか、十分に職員と話し合い計画を策定しなければなりません。

第5章

リーダーに求められるコミュニケーションスキル

© miiko - Fotolia.com

1 総論

この章では、「部下を育成できるリーダーの育成」に必要なコミュニケーションスキルについて焦点を当てていきます。

よい仕事をしていくためには、人と関わるあらゆる局面でコミュニケーションスキルが求められます。この章を、あらためて日頃のコミュニケーションを振り返る機会ととらえていただくことで、人材育成のみならず、コミュニケーションが求められるすべての局面に役立てることができるはずです。

さて、良質なコミュニケーションをとるためにカギとなるのは何でしょうか。それは、「そもそもコミュニケーションとはうまくいかないものである」という視点を持つことです。矛盾しているようにも聞こえますが、困難であるという前提を意識することがコミュニケーションを成功に導きます。

人は一人ひとり違います。同じ言葉でも、人それぞれに意味合いが異なります。「花」と言われたときに桜を思い浮かべる人もいれば、春の野原に広がる花畑を連想する人もいるでしょう。人生経験も考え方も価値観も違うのですから、異なって当然なのです。それゆえに、コミュニケーションが必要であるとも言えます。違いを明らかにすることは、お互いが共通して認識できることを明確にすることにもつながります。コミュニケーションは難しいからこそ、相手の立場から考えてみたり、伝え方を工夫したりするのです。

一人ひとり違う人間がなんとかコミュニケーションを進めていくためには、様々な工夫が求められることは上記のとおりですが、大前提として誠意、すなわち「まごころ」をもって働きかけることが欠かせません。

相手に対して「まごころ」を込めるためには、自分も相手も尊重し、互いの違いを受けとめ、認め合い、大切にして、相手の立場に配慮した言動が求められます。これは別の言い方をすれば「ホスピタリティ」を持つことが求められるということです。このようなホスピタリティがもっとも必要とされ、かつ、力を発揮するのが「コミュニケーションの場」なのです。

図表5-1●ホスピタリティ実践の概念

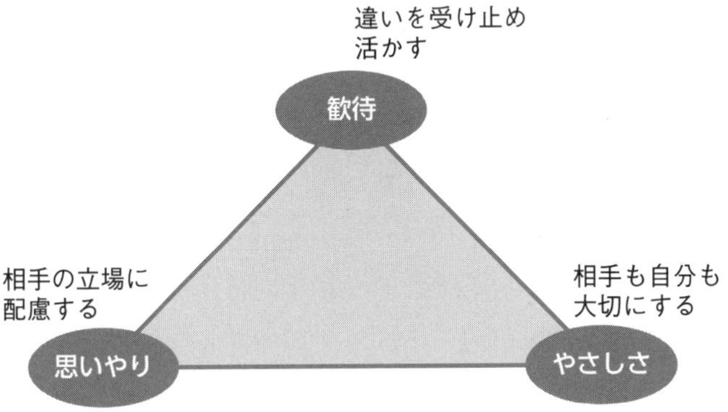

出所：一般社団法人ホスピタリティ機構研修資料

スタッフ間での意思や情報の共有化、お客様との様々なやりとり、さらにクレーム対応まで、あらゆる接点でコミュニケーション力が必要とされています。コミュニケーションを考えるうえで、忘れてはならないもう1つのポイントは、コミュニケーション（意思の疎通）とは、情報だけではなく、気持ちを伝えることが肝心であるということです。

事実と、それを包む感情とを混同することなく、お互いに理解し合うことが、ホスピタリティを活かしたコミュニケーションなのです。

敬語をはじめとした敬意表現も、このような考え方が前提となります。相手に対する敬意の表現として相手を高めることと同時に、表現する側の自らの品格も高める努力が、敬意表現であるともいえます。

さてここで、この章のタイトルである「リーダーに求められるコミュニケーションスキル」に焦点を当ててみます。

リーダーにコミュニケーションスキルがあることによって、部下のモチベーションがどのように変化するかを考えてみましょう。部下の立場から見た場合、どのような上司のもとであればモチベーションは上がるでしょうか。話を聴いてくれる人、相談できる人、頼れる人、指示の出し方がうまい人、見守ってくれる人、このような人が上司像として浮かんでくるはずです。ここに列挙したすべての条件が、コミュニケーションスキルと関係しています。

たとえば、部下が企画案を上司に出したケースを考えてみます。企画案が仮に通らなくても、思いをわかってくれる上司がいた場合と、上司から頭から否定された場合を比べてみたら一目瞭然です。その後の部下のやる気が大きく違ってくるのです。

上司が、部下の気持ちをまずは受け止めて、それから具体的な検討をすることによって、仮にその案が通らなくても、自分の上司は気持ちを理解してくれていると感じてくれるでしょう。部下が、「わかってもらえた」「この人なら受け止めてくれる」というやる気と信頼感をもって意欲的に仕事に取り組んでくれるようになります。

逆に上司の立場から部下を見るときにも、自身にコミュニケーションスキルがあれば、じっくりと話を聴くことができます。部下の考えと気持ちを読み取り、受け止めることができれば、部下のもつ強みと課題を的確に捉えられます。そのうえで、その人の個性に合った指導も工夫できます。上司は部下のやる気と成果を積極的に評価し、そのことによって、部下はさらにモチベーションをアップさせて次のステップに進むことができるのです。

もしも、上司が部下の思いに気づかず、一方的に伝達だけを行ったとしたら、上記のようなやる気は生まれません。良好なコミュニケーションをとることで、部下のモチベーションが上がり、結果として、良い仕事の好循環が生まれます。

挨拶、返事、さりげない感謝の言葉、ちょっとした気づき等が、やがて強い絆のコミュニケーションに発展します。リーダーはこのことをしっかりと自覚して、積極的にコミュニケーションを図って欲しいとおもいます。

2 コミュニケーション・チェックシートの活用

図表5-2「コミュニケーション・チェックシート」に取り組んでみましょう。進め方として、まず、各人でチェックしてみます。チェックが終わったら、結果について考えてみましょう。この作業が大事なのです。各項目について、自分はどのような状態にあるのかを振り返り、自らの強みと課題を明らかにしましょう。

個人で振り返りが終わったら、自分が所属している職場（チーム）内で話し合ってみましょう。

チームや組織全体の強みや課題、さらには、個人の認識のずれ等も鮮明になります。ここで確認できたことを今後のコミュニケーションに活かしてください。

コミュニケーション・チェックシートの各問をつねに意識することだけでもコミュニケーションの質が高まっていきます。

すべての項目にチェックがつくかどうかということよりも、チェックの結果を今後に活用する姿勢が重要です。

図表5-2●コミュニケーション・チェックシート

コミュニケーション・チェックシート

以下の項目をチェックしてみましょう。

01 □ 相手が話しやすい雰囲気づくりをしている。

02 □ 自分からコミュニケーションを開始することが多い。

03 □ どちらかというと、話すことより、聴くことを意識している。

04 □ 相手の話に対して、うなづきや、あいづちは多くしている。

05 □ 相手の話は区切りのいいところまで遮らずに聴くようにしている。

06 □ 相手の感情や思いをくみとろうと心がけている。

07 □ 話を聴くときには質問もよくしている。

08 □ 相手が考えているとき、黙って待つことができる。

09 □ 身体の向きや姿勢を相手に合わせるようにしている。

10 □ なるべく相手の目を見て話し合うようにしている。

11 □ 相手の話を聴きながら、要点を書きとめることができる。

12 □ 自分の気持ちを話すことがよくある。

13 □ 相手に応じて、わかりやすく話すように努めている。

14 □ どのように伝えたのかより、どのように伝わったかを意識している。

15 □ 話し合いのとき、要点のまとめや、意見の調整ができる。

メモ（気づいたこと）

出所：一般社団法人ホスピタリティ機構研修資料

3 人間関係の基本を確認する

コミュニケーション能力を高めるために、ここでは、人間関係の基本に着目してみましょう。

人間関係を成り立たせる基本として、マナーがコミュニケーションを支え、コミュニケーションによって安心感・信頼感がつくられ、同時に仕事の継続性につながると考えることができます。

図表5-3ではマナーのポイントとして以下の６点を掲げています。

①挨拶

②言葉遣い

③身だしなみ

④態度

⑤返事

⑥笑顔

図表5-3で示されている６要素の中央に空欄があります。ここに、もう1つ、「自分だったら、何を追加するだろうか」と考えてみてください。正解は1つとは限りません。上記６要素よりも自身が大切にしているマナーのポイントがあれば、もちろんそれが中央に位置するものです。しかし、だからといって、順番を気にすることもありません。各人が大事にしているポイントを確認し合うことは、コミュニケーションを進める推進力になります。

研修の場では、まず各自で考える時間をとり、次にグループ単位で、それぞれの考えを出し合います。その後に全体の共有のために発表を行い、互いに刺激し合い、新しい観点をもつことが、実際の仕事の場でのコミュニケーションにも役立ちます。

ちなみに、筆者が研修を担当する際には、参加された皆さんの発表

図表5-3●「人間関係の基本」

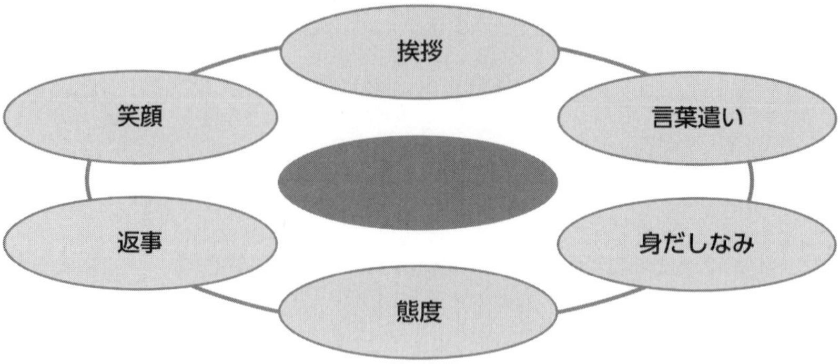

出所：一般社団法人ホスピタリティ機構研修資料

の後で、第７の要素として「ユーモア」を挙げることがあります。また、これまでの経験では、「適度な距離」「バランス」などを重視する人も多く、「思いやり」や「愛」を選ぶ方もいます。

人の価値観はさまざまです。その違いを受けとめ活かすことが良質なコミュニケーションにつながります。

特に、人材育成の観点からは、相手をよく知るという意味からも、その人が何を大切にしているかを承知することは重要です。

同時に、人を育てることは、自分を育てることにもつながります。相手をよく知る努力と同様に、自分を見つめることの大切さも考えなければなりません。

4 ホスピタリティの発揮

1 ホスピタリティを実践するために

総論のところでふれたホスピタリティについて、実践するための要点を、**図表5-4**にそって考えてみましょう。

図表5-4●ホスピタリテイの発揮

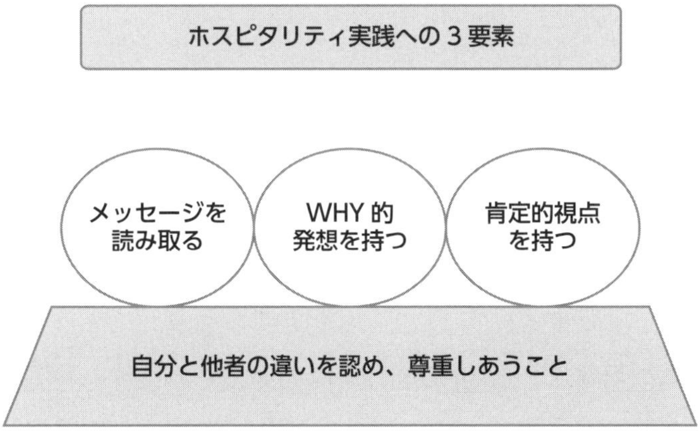

出所：一般社団法人ホスピタリティ機構研修資料

①メッセージを読み取る

第一の要点は、「メッセージを読み取る」ということです。相手の立場に配慮することがホスピタリティの発揮には欠かせません。そのためには、相手からのメッセージを読み取ることが必要です。

お客様（御利用者）が発する信号は、要望・期待・不安などが入り混じった複雑なものですから、正確に読み取ることは困難です。しかし、相手のメッセージを受け取ろうとする意識と姿勢が、相手の安心感や信頼感につながります。

②WHY的発想を持つ

第二の要点は、「WHY的発想を持つ」ということです。人の言葉や行動には、なにかしらの理由があります。その「なぜ」を考えることです。

もちろん、その理由を当の本人でさえ自覚していない場合もありますから、すべてを理解することはできません。しかし「なぜ」を考える意識と姿勢が、相手の理解を深めることにつながります。

繰り返しになりますが、すべての理解は困難です。しかし、理解しようとすることが相手との心の距離を縮めてくれます。

また、挨拶などの日常の行動について、あらためて「なぜ」を考えることもコミュニケーション力を高めるのに役立ちます。

たとえば挨拶が相手との心理的距離を縮めてくれることや、物事のけじめとなることなどを再認識することで、心のこもった挨拶となります。反対にこのような意識を持たずに行う挨拶は、通りいっぺんのおざなりなものと受け取られてしまう恐れもあります。

③肯定的視点を持つ

第三の要点は、「肯定的視点を持つ」ということです。事実は変わりませんし、起きてしまったことも変えられません。しかし、事実を受け止める気持ちや、評価は自分次第で変えられます。事実をどのように受け止め、活かすかということが、相手ばかりではなく自分に対してのホスピタリティの発揮につながります。

結果はひとつでも、その先のプロセスは幾通りも作り上げることができます。であれば、事実を肯定的に前向きに捉えて、未来に活かすことが大事になるのです。

④自分と他者の違いを認め、尊重しあう

上記①～③の土台として、自分と相手の違いを認め、受け入れ、活かす姿勢が欠かせません。ホスピタリティ・マインドとしての土台です。

⑤ホスピタリティとコミュニケーションの関係

ここで確かめてきたホスピタリティ実践の要点は、実は、そっくりそのまま、よりよいコミュニケーション実践の要点でもあるのです。

コミュニケーションとホスピタリティは密接な関係があることが、このことからもはっきりとわかります。

2 三つの配り、三つの力、三つの視点

さらに別の観点からホスピタリティの実践に役立つポイントをみていきます。**図表5-5**をみてみましょう。

図表5-5●三つの配り　三つの力　三つの視点

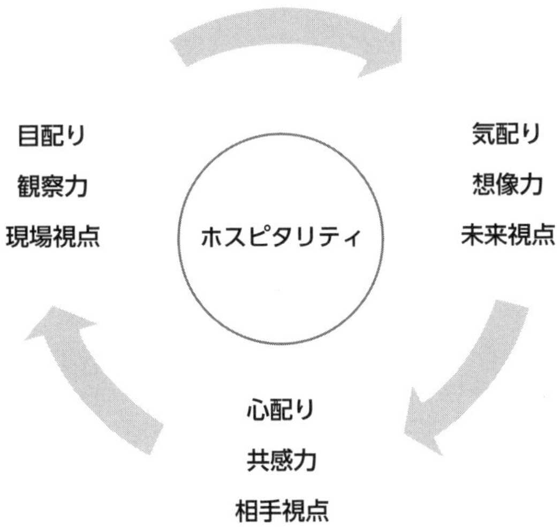

出所：一般社団法人ホスピタリティ機構研修資料

①目配り・気配り・心配り

ホスピタリティの実践に大きな力を発揮するのが「目配り・気配り・心配り」です。

「目配り」は、よく注意して観ることです。相手の理解と周囲の状況把握には欠かせません。

「気配り」は、自分の言葉や行動が相手にどのように受け取られるか、

どのような影響が生まれるか、等について配慮することです。

「心配り」は、相手の立場になって感じることです。自分だったら嬉しい／嫌だけれど、相手の気持ちだったらどうだろうかと考え、相手の喜びや悲しみを分かち合う心の姿勢です。

②観察力・想像力・共感力

上記の「目配り・気配り・心配り」は、それぞれ、観察力であり、想像力であり、共感力なのです。この三つの力を強めることが、自分のホスピタリティを充実させることになります。

③現場視点・未来視点・相手視点

さまざまな視点からものごとを捉えることはホスピタリティの発揮には欠かせません。目配りをするには、観察力が必要でそのためには現場視点がなにより重要となります。

気配りのためには、想像力が求められ、そのためには未来視点をもつことが肝心です。心配りができるようになるには、共感力を育てなければならず、そのためには相手視線でものごとを見直すことが大切なのです

④相乗効果

上記の「三つの配り、三つの力、三つの視点」のそれぞれが関係し合って相乗効果を発揮することが、ホスピタリティが高まることなのだといえます。

3 ホスピタリティ、コミュニケーション、望まれる上司像

ここでは、実際に研修で行われる演習を試してみましょう。「あなたが部下ならば、どのような上司を望みますか」という問いかけに答えてみてください。

研修では、まず個人個人で取り組み、次にグループ内で発表し合い、仕上げとして、各グループから話し合いの内容を全体に紹介します。

ここで出される上司像は、実にさまざまです。それぞれの職場の実態や、それぞれの経験から望まれる上司像が創り出されます。

これまでの研修の経験から紹介すれば、コミュニケーションに関する項目がクローズアップされます。いかに、コミュニケーションが欠かせないものかということに焦点が当てられることが多いのです。

逆にいえば、実際の職場でいかにコミュニケーションが不十分であるかということかもしれません。いまあなたが上司という役割を担っているのでしたら、部下の視点になって、上司である自分を見つめることも、きっとコミュニケーションの向上と部下育成の力となるはずです。

5 聴き方

ここからはコミュニケーションを構成する要素を検討していきます。まずは、「聴く」からです。

1 傾聴のポイント

聴き方の基本姿勢を**図表5-6**に挙げてみます。このほかに、たとえば、気持ちだけではなく、姿勢も「前向き」にして話を受け入れることによって、真剣に聴いていることが相手に伝わります。

話の内容である「情報」だけにとどまらず、話し手の「感情」も受けとめることが、積極的な聴き方としてコミュニケーションを密なものにしてくれます。

図表5-6●聴き方の基本姿勢

①話し手を受容する	・言葉だけでなく、話の背景、その裏に隠された気持ちまでを感じとるようにする ・話の内容を前向きに受け入れる（肯定的にあいづちを打つ、等） ・話のスピードにペースを合わせ、よく受けとめたいという雰囲気をつくる
②話し手を承認する	・内容に応じて、的確な応答、質問をする ・喜びや、悲しみに共感をしめす
③話し手を重視する	・話を最後まで聴く ・先入観をもたず、素直な態度で真剣に聴く

2 積極的に聴く具体的な５つの方法

積極的な聴き方について具体的に確認してみましょう。

①受容

話し手が話しやすい雰囲気づくりをするために、聴き役に徹します。具体的には、無理のない自然なあいづちを打ち、話を遮らず、最後まで聴きます。

②繰り返し（オウム返し）

相手の言葉を一部繰り返し、同意・確認を表します。繰り返すことで、関心をもって懸命に聴いていることを示します。

話し手はわかってもらえたという安心感を得ます。話し手が一番強調した部分、気にしている部分、あるいは語尾の部分を繰り返します。そのタイミングは相手の呼吸、表情から判断し、間《ま》を活用します。またできるだけ相手の言葉を使うようにします。

③支持

話の内容に賛同していることを示し、話し手に自信や満足をもたせます。自分の考えと違っても、価値観は違って当たり前と思い、素直に受けとめて支持します。

④明確化

話し手の鏡となり、話し手が伝えたい内容を察します。話し手がはっきりとは認識していない気持ちを聴き手が言葉として返します。

⑤質問

話の内容について問いかけることで、相手に関心をもっていることを示します。また、話し手の内面に意識を向けさせます。

6 話し方

次に、話し方について考えていきます。話し方は、聴き方と表裏一体の関係にあります。話し上手は聴き上手とも言われます。相手を尊重して話しかけることが、聴き手が心を開いて受けとめてくれることにもつながります。

1 話し方の基本姿勢

①聴き手が何に関心・興味を示しているのかを察する

人は自分に関心を持ってくれる人に好意を持つ傾向があります。相手に関心を示して接すると、聴き手は心を開き、話の内容を受け入れてくれます。

②聴き手の価値観が自分とは違うことを受けとめる

コミュニケーションは相手が自分と異なる価値観を持っていることを前提に行います。相手の価値観を認めることが必要です。

③聴き手の長所を積極的に探す

心を込めて、相手の優れた点に触れることで、相手に好意を持っていることが伝わります。相手の特徴を探し長所としてとらえる姿勢が大切です。

聴き手の立場、状況を常に意識したうえで、効果的に伝わる工夫をすることがホスピタリティのある話し方です。自分が「どのように伝えたか」ではなく、相手に「どのように伝わったか」が重要である点に再度注目しましょう。

2 わかりやすい話し方

相手に伝わりやすい話し方として、まずは「わかりやすい」という点に焦点をあてましょう。

①聴きやすい声量・適度なスピードを保つ

小さな声、聴き取れないほどの早口で話すことは、相手にとってわかりにくいだけでなく、相手を軽視していると受け取られるおそれもあります。

②明瞭な発音、抑揚をつける

一本調子な話し方では事務的に聴こえ、親しみや熱意が伝わりません。

③語尾をはっきりさせる

「…ですが」「…ですけど」のように語尾を濁すことは、自分の発言に責任を持たず、相手に判断を依存しているように受け取られがちです。

④やさしい表現を心がける

相手がなじんでいる言葉や表現を用いて話すと、相手によく伝わります。

⑤主題を明確にする

主旨を見失わないように話す順序を考え、相手が理解しやすいような流れをつくることも理解の助けとなります。

3 説明の方法

話すなかでも、特に仕事で求められることが多い、「説明」について要領を述べます。

①ロードマップ

最初に話の全体像（話の要点、ポイントの数など）を伝えます。

②ナンバリング

話のポイントに番号を振り、聴き手に示します。

③ラベリング

話のポイントごとに見出しをつけ、聴き手に示します。

④PREP法

P＝結論(Point)→R＝理由(Reason)→E＝事例(Example)→P＝結論(Point)の流れで論理的に話します。

7 表現の工夫

話し方・伝え方の工夫について前項で考えてきました。以下は、相手に受け止めてもらう工夫について述べます。

留意していただきたいことは、求められる適切な表現は、時間・場所・状況によって変わるということです。

たとえ文法的に正しくても、状況に見合った適切な表現とはならないこともあります。相手と自分の関係や、周囲の状況によって、適切不適切の判断は変化します。

より適切な表現を生み出すためには、ホスピタリティの発揮が不可欠であることも、再度確認してください。

1 敬語

相手に対して敬意を表し、同時に自らの品格を磨くことにもつながる敬語の用い方を確認しましょう。

敬語に関する基本事項をまとめると、**図表5-7**のようになります。

なお、本章では、**図表5-7**のように敬語を「尊敬語」「謙譲語」「丁寧語」の基本的な３分類にしています。文化審議会の答申では謙譲語を２種類に分け、さらに丁寧語から美化語を分けて、敬語全体を５種類として解説していますが、基本は変わりません。

図表5-8によくありがちな敬語の誤用についてまとめました。現場で耳にすることが多い誤用表現もありますので、注意が必要です。

図表5-7●敬語に関する基本事項

①尊敬語
〇尊敬語とは
・相手や、話題となっている人を高めて敬意を示す言葉
・相手や、話題となっている人の動作・状態などを高めて言い表す言葉
〇尊敬語の基本
　・接辞（お、ご等）を付加
　　例）御主人　お手紙　お荷物
　・動詞　＋「お（ご）～になる」
　　例）「お聞きになる」「ご覧になる」
　・動詞　＋「～れる」「～られる」
　　例）「書かれる」「受けられる」
　・尊敬動詞
　　例）「いらっしゃる」「おっしゃる」「めしあがる」「なさる（お～なさる、ご～なさる、という用い方もある）」

②謙譲語
〇謙譲語とは
・自分あるいは身内の者に関して、へりくだった言い方をすることによって、相対的に相手や話題となっている人を高めて敬意を表す言葉
〇謙譲語の基本
　・動詞　＋「お（ご）～する」「お（ご）～いただく」
　　例）「お伝えする」「御案内する」「ご覧いただく」「お越しいただく」
　・動詞　＋「～ていただく」
　　例）「見せていただく」
　・謙譲を表す特別な言葉に置きかえ
　　例）伺う、いただく、差し上げる、拝見する、小社、愚考

③丁寧語
〇丁寧語とは
・物事を丁寧に表現することによって柔らかい感じを与えたり、改まった気持ちで敬意を表現する言葉
〇丁寧語の基本
　・語尾に「ます」「です」「ございます」をつける
　　例）「行きます」「私です」「時間がありません」「ありがとうございます」
　・接頭語「お（ご）」も、尊敬語だけではなく丁寧語としても用いられる
　　例）「お考え」「お茶」「ご機嫌」

図表5-8●敬語の誤用

①二重敬語(過剰敬語)：1つの言葉に2つ以上重ねて敬語を使ってしまう誤り
例)「おっしゃられる」×→「おっしゃる」○
(尊敬を表す動詞「おっしゃる」に、尊敬の表現である「〜れる」を加えた過剰な表現)
「おいでになられる」×→「お出でになる」○
「おみえになられる」×→「おみえになる」○
「お召し上がりになる」×→「召し上がる」○

②誤用：尊敬表現のなかに、謙譲表現を重ねてしまう、または尊敬表現すべきところに、謙譲表現を使ってしまう誤り
例)「先生がおっしゃっておりました」×→「先生がおっしゃいました」○
「御社の社長が申された」×→「御社の社長がおっしゃった」○
「あちらで伺ってください」×→「あちらでお尋ねになってください」○
「資料をいただいてください」×→「資料をお受け取りください」○
「食事をいただいてください」×→「食事を召し上がってください」○
「社長はどこに参りますか」×→「社長はどちらにいらっしゃいますか」○

2 クッション言葉

敬語と同じくらいに力を発揮する表現の工夫として、クッション言葉の用い方が挙げられます。クッション言葉とは、相手に心の準備をしてもらうための、下地づくりに役立つ言葉です。**図表5-9**を確認してください。

自分が日頃用いている言葉はありましたか。いくつかある方は、そ

図表5-9●クッション言葉

質　問	・おそれ入りますが ・失礼ですが	・お差し支えなければ ・つかぬことを伺いますが
提　案	・よろしければ	・お差し支えなければ
依　頼	・おそれ入りますが ・お手数ですが ・ご面倒ですが ・恐縮ですが ・お差し支えなければ	・申し訳ございませんが ・ご迷惑でなければ ・ご足労ですが ・ご迷惑でしょうが ・厚かましいとは存じますが
不承諾	・申し訳ございませんが ・誠に残念ですが ・おそれ入りますが	・せっかくですが ・あいにく ・大変ありがたいのですが

れ以外のクッション言葉を意識して用いるように心がけることで、言葉の引き出しを増やしてください。

また、これまでクッション言葉を使ってこなかった方は、いくつか自分に合いそうなものを選んで実際に試してみてください。これまでよりも表現力が豊かになることは間違いありません。

8 ホウ・レン・ソウ

仕事は、チームワークを発揮することで質も量も向上します。このチームワークを支えるのがコミュニケーションであり、なかでも、いわゆる「ホウ・レン・ソウ」は職場ではつねに意識することが必要です。

1 「ホウ・レン・ソウ」とは

良質な業務の遂行に欠かせない「ホウ・レン・ソウ」とは、「報告」「連絡」「相談」の３点を詰めて「報」「連」「相」と表現したものです。滋養分の多い「ほうれん草」と同じ発音なので馴染みやすいせいでしょうか、広く普及しています。

①一般的な意味

以下にそれぞれの意味を確認してみます。

報告：ある任務（役割）を与えられた者が、その経過や結果などを述べること

連絡：関係のある人に、共通認識として知っておいてほしい情報などを知らせること

相談：物事を決めるため、あるいは問題や不安の解決のために話し合ったり、他人の意見を聴いたりすること

②仕事上の意味

上記の意味を仕事にあてはめてみます。

報告には、終了報告と、状況に応じた中間報告や随時報告がありますが、いずれも業務の遂行に欠かせない義務といってよいでしょう。

連絡は、義務とは限りませんが、よりよい仕事やチームワークにプ

ラスとなるように自主的に伝えることといえます。

相談は、文字通り話し合ったり、他人の意見を聴いたりすることで、連絡とは違った意味の自主的なコミュニケーションの取り方です。不安な点があるときなどにアドバイスをもらったり、あるいは、相談をしながら自分の考えを整理することにもなります。

③個人の成長との関わり

情報伝達としての「ホウ・レン・ソウ」を意識することがチームワークで行う仕事には肝要であると述べてきましたが、報告・連絡・相談は、自らの成長や、人材の育成などにおいても力を発揮します。

職場におけるコミュニケーションのあり方を考える場合には、情報と気持ちの２つの面を併せて考慮する姿勢が求められます。「ホウ・レン・ソウ」においても同様です。

仕事全体の把握、そのなかにおける自分の仕事の位置付けなどを見つめることで、タイミングのよい「ホウ・レン・ソウ」が磨かれます。それは、自分自身を磨くことでもあり、適切な「ホウ・レン・ソウ」ができる人材を育てることが組織力を高めることにもつながります。

9 まとめ

「違いを受け止め、活かす」という姿勢が、コミュニケーションの出発点でした。人は一人ひとり皆違うということを前提に、「そもそも意思の疎通がうまくいくはずがない」と理解することが重要なのです。うまくいかないから、悩み、工夫し、努力します。それゆえに、少しでもコミュニケーションが前進したら嬉しく感じられるのです。

コミュニケーションは、チームワークづくりに欠かせない力です。それぞれ違う人間同士が、支え合い助け合いながら良い仕事を続けるために、お互いがホスピタリティを発揮していくことが求められています。

小さなこと、誰にでもできることのなかに、大きな力が潜んでいます。挨拶、返事、笑顔、感謝、いたわり、ねぎらい等から良好な人間関係がつくられ、強まっていきます。

違いを活かすこと、自分も相手も大切にすること、相手の立場に配慮することをつねに意識しながら、もともと困難であるコミュニケーションを、少しでも前進させることができたら、この章の目的は達せられたことになります。

問題 1 以下の敬語の使い方について、適切なものには○を、適切とはいえないものには×をマークしてください。

① お客様が、参りました。

② お客様が、お見えになりました。

③ お客様が、お見えになられました。

④ (わが社の)○○課長さんは、席をはずしております。

⑤ (わが社の)課長の○○は、席をはずしております。

⑥ あちらでお聞きしてください。

⑦ あちらでお聞きになってください。

⑧ あちらで伺ってください。

⑨ あちらでお尋ねください。

⑩ この報告書を拝見してください。

⑪ この報告書をご覧ください。

⑫ この報告書をお読みください。

⑬ この報告書をお読みいただけますか。

⑭ どうぞいただいてください。

⑮ どうぞ召し上がってください。

⑯ どうぞお召し上がりしてください。

⑰ 御用意してくださいませんか。

⑱ 御用意くださいますか。

⑲ どうぞお休みしてください。

⑳ どうぞお休みください。

確認問題

解答 解説

解答1

①：×　②：○　③：×　④：×　⑤：○
⑥：×　⑦：○　⑧：×　⑨：○　⑩：×
⑪：○　⑫：○　⑬：○　⑭：×　⑮：○
⑯：×　⑰：×　⑱：○　⑲：×　⑳：○

解説1

① 相手の動作に謙譲語を用いています

③ 二重敬語です

④ 身内を高めているため、相対的に相手を低めています

⑥「お○○する」は謙譲表現です

⑧ 相手の動作に謙譲語を用いています

⑩ 相手の動作に謙譲語を用いています

⑭ 相手の動作に謙譲語を用いています

⑯「お○○する」は謙譲表現です

⑰「御○○する」は謙譲表現です

⑲「お○○する」は謙譲表現です

第6章

介護保険の今までとこれから ～組織マネジメントの必要性

1 新しい医療・介護の提供体制に向けて ～求められる新しいマネジメント～

2 地域連携のなかで求められるリーダーの育成

3 医療に強い職員の育成

4 認知症にふさわしいサービスを提供できる職員の育成

5 介護保険制度改正で介護保険業界は、どう変わるか

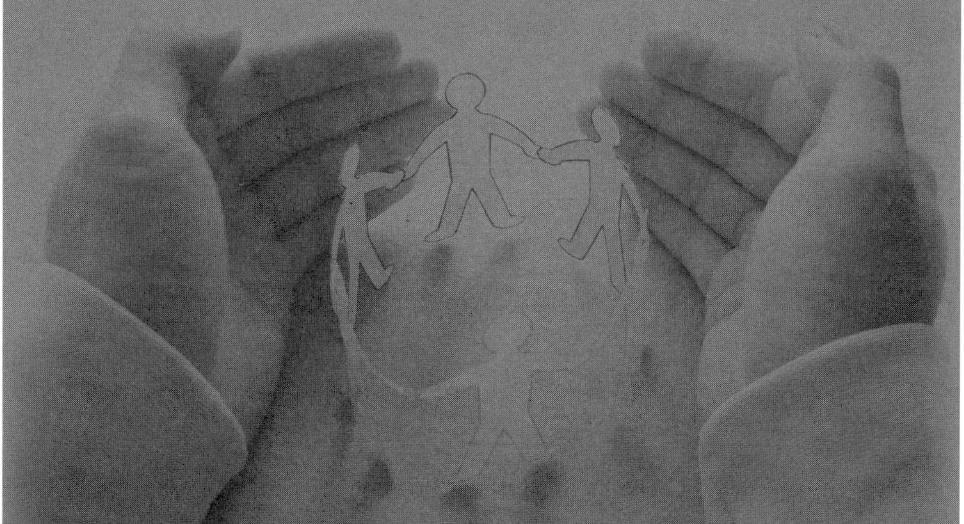

1 新しい医療・介護の提供体制に向けて
〜求められる新しいマネジメント〜

2012（平成24）年度の制度改正は、高齢化のピークを迎える2025（平成37）年に向けた、地域包括ケアを目指す新しい医療・介護の提供体制への第一歩であり、医療介護の連携および認知症ケアの充実が図られるスタートの年といえます。医療介護連携とは、医療的措置の必要な利用者や認知症重度の利用者に対して、医療と介護の従事者が情報を共有し、ネットワークを構築していくことになります。

その他の点としては、介護保険だけを考えていたのではだめな時代となり、医療保険の動向も見ていかなければならなくなりました。また、介護保険の単一サービスだけを見ていたのではだめであり、例えばデイサービス事業は、定期巡回・随時対応型訪問介護看護や従来型の訪問介護の動向も考えていかなければいけない時代となってきたのです。経営やサービス運営においてよりマネジメントの必要性が求められる時代になってきたのです。

このマネジメントを遂行するのは、経営者とリーダーです。皆さんの事業所には、制度改正を見据えた対応が取れるリーダーが在籍しているのでしょうか。

介護福祉事業の基盤づくりは、「人づくり」と言ってもさしつかえないと考えます。2012（平成24）年度の報酬改定の次に来る、2015（平成27）年度の報酬改定を踏まえ、人づくりの中期事業計画は作成しているでしょうか。介護事業にも医療・認知症・マネジメントスキルの知識と経験を持ったリーダーを、効率よく育成していくことが求められる時代となってきたのです。

2 地域連携のなかで求められるリーダーの育成

はじめに、2012(平成24)年度診療報酬改定についてふれたいと思います。4月に診療報酬改定の公表がされましたが、介護報酬改定と同様に在宅医療の担い手である在宅療養支援診療所の整備と認知症の診断、治療の研究がすすむ内容となりました。

今回の2012(平成24)年度報酬改定は、診療報酬と介護報酬の同時改定であることが重要なのです。2012(平成24)年度は地域医療と在宅介護が連携するためのスタートの元年であり2015(平成27)年度改定がその定着の年となるのではないでしょうか。

いうまでもなく、在宅で介護や医療を必要とする高齢者が、介護施設や病院に入所(入院)するのではなく、在宅でケアを受けられるために、在宅医療と介護がシームレスに提供されなければならないのです。

2012(平成24)年度の診療報酬・介護報酬改定は、期せずして医療介護の連携と役割分担および認知症にふさわしいサービスの提供のあり方を提示することとなりました。医療連携にしても、認知症のサービスにしても、新しいサービスを提供する人材を育成しなければならなくなりました。皆さんの事業所は、これらのサービスを提供できるリーダーや職員が育成されているでしょうか。そしてリーダーは、人材を育成できるマネジメントのスキルを持っているでしょうか。

介護保険制度が施行されてから10年が経過しました。冒頭で述べたように、これからの10年は、サービスの質が問われる時代となったのです。サービスの質とは、介護のプロの職員を育成することであり、マネジメントの知識と経験を持ったリーダーが必要となったのです。

マネジメントとは、介護保険制度のこれからの10年を、自分の事業所をどのような方向に持っていこうか、そのためには何をしなければならないのかを考え、実行することなのです。リーダーの皆さんは、医療・介護連携や認知症にふさわしいケアについての課題・目標をお持ちでしょうか。介護のプロの職員とは、医療的措置を必要とする利用者や認知症重度の利用者によいケアを提供できる職員です。マネジメントを理解したリーダーがいる事業所には、プロの職員が育成されるでしょうが、マネジメントは、関係ないと思っているリーダーの下には、優秀な職員は育成されないのです。

これからの10年で利用者から選択される事業所になるためには、マネジメントが必要であり経営の安定化には人材育成のマネジメントが必要なのです。

2012（平成24）年度介護保険制度改正の視点は、（1）地域包括ケアシステムの基盤強化でありこれを実現するためには、（2）医療と介護の役割分担・連携強化医療・介護連携（3）認知症にふさわしいサービスの提供となります。

3 医療に強い職員の育成

医療・介護の連携を行う場合に、在宅療養支援診療所の医師および訪問看護ステーションの看護師とのメンバーシップ向上のためのコミュニケーション（会話）ができる人がいるでしょうか。入退院の調整などを行う大病院の地域医療連携室とは連携できていますか。

これまで介護の世界だけしか知らなかった職員も、これからはこのような医療の現場の職員と会話をしなければなりません。そのためには、医療知識を勉強しなければなりません。しかし、教科書を見ても簡単に頭に入るものではありません。利用者の医療情報を、関係する職員で事例検討を行うのが一番理解しやすいのではないでしょうか。月に１回事例検討を行うことが、医療のスキルを身につける第１歩です。

次に、利用者のかかりつけ医と実際に面談してみることです。これからは、医師も在宅での生活の状況を把握しておく必要があります。医師の側でも在宅の情報を欲しているのです。医療介護連携のスタートは、事例検討から始まります。

皆さんのチームに医療知識に強い職員はいるでしょうか。まずは一人でも医療関係者と会話のできる職員を育成しなければなりません。

ステップ表での目標を「医療知識に強い職員を育成する」としてもよいのです。

4 認知症にふさわしいサービスを提供できる職員の育成

認知症にふさわしいサービスを提供できる職員の育成にあたり、情報はどこで入手すればよいのか知っていますか。認知症疾患医療センターがどこにあるか、何をするところかご存知でしょうか。

認知症疾患医療センターは､全国に150か所の整備が進んでいます。認知症の鑑別診断をするところです。脳血管性、レビー小体、アルツハイマー等の認知症の確定診断をしてくれる所です。合わせて確定診断を受けた患者が、どんな治療を受ければよいのかという治療法に関する情報も提供してくれます。この利用者の情報は、医師会の認知症サポート医や相談医および地域包括支援センターの認知症連携担当者と情報が共有されるのです。この医療関係者と連携が取れなければ、介護の現場の利用者は不利益をこうむることとなります。

このように医療の現場の認知症の研究が進んだことで、介護の現場も認知症にふさわしいサービスを提供しなければならなくなったのです。あなたのチームは､認知症の知識に強い職員がいますか。または、知識をつけるために育成の体制を整えていますか。

5 介護保険制度改正で介護保険業界は、どう変わるか

1 定期巡回・随時対応型訪問介護看護

今回の制度改正で新設された定期巡回・随時対応型訪問介護看護(以下24時間訪問介護看護)は、在宅で介護や医療を必要とされる重度の要介護者を対象としたサービスです。

このサービスは、地域包括ケアの実現に向けて不可欠であるといってもよいかと思います。この実現のために必要な要素は、以下のようなものが考えられます。

①在宅療養支援診療所の医師の増加

②経営が安定した訪問看護ステーションの増加

→地域医療を理解した看護師の育成

③医療の知識と経験を持った介護職員の育成

④モーニングケアやナイトケアを行える介護職員の確保

⑤24時間訪問介護看護の事業者とケアプランについて話し合いができる優秀なケアマネジャーの存在

最低でも①～⑤までのことを実現しなければ、2015(平成27)年までの定着は実現できないものと思います。そうなった場合、結果として不利益をこうむるのは、利用者なのです。不利益をチェックするシステムが、必要となります。

まずは、訪問してくる介護職員・看護師が、利用者にとって本当によいサービスを提供してくれるかを監視する体制が外部にあることが大切です。利用者にとって不利益をこうむる可能性があるのに、そこを無視して定期に巡回されたのではたまりません。また、デイサービ

スやショートステイを利用したい利用者がいたとしても事業者は、減算になるので嫌がるかもしれません。今まで以上に外に出る機会がなくならないように監視する必要があります。事業者を監督する市区町村の指導体制も重要となってきます。

皆さんのチームには、地域医療を理解した看護師がいるでしょうか。今いなくても、育成されているでしょうか。また看取りまでできる介護職員はどうでしょうか。新しいサービスを行うことのできる能力を持った職員をどう確保するのか、どう育てていくのかが、リーダーに求められているのです。

2 複合型サービス

もうひとつ新設されたのが、小規模多機能型居宅介護（デイサービス・お泊り・訪問）と訪問看護の連携です。従来の小規模多機能型居宅介護のサービスの中に訪問看護のサービスが、受けられるようになったのです。

これも在宅にいて医療を必要とする要介護者に対して提供されるサービスです。ここでも24時間訪問介護看護と同様に看護師の確保が、事業を継続させるために重要な条件となります。また、利用者が、不利益をこうむらない体制ができているか、小規模多機能型居宅介護事業者のケアマネジャーによる監視体制が必要となります。

もとより、在宅で医療と介護を必要とする利用者は多いにも関わらず、今までは医療と介護の多職種の連携が進んでいなかったように思います。これが前進することで、これまで不安に思われていた利用者が安心できることが重要と考えます。

3 通所介護のサービス提供時間の変更

事業者にとって大きな痛手となったのが、通所介護ではないでしょうか。サービス提供時間が、今までの6～8時間が5～7時間ないし7～9時間の選択を迫られたのです。おおよそ今までの6～8時間の提供時間を5～7時間に変更すると10％の大幅減収となるのです。7～9時間を選択したとしても4～5％の増加でしかありません。

7～9時間を選択すると、職員の就労時間が大幅に長くなるので交代制にしなければなりません。もっと大きな問題は、利用者がそんなに長い時間を選択してくれるかです（ケアプランで必要か）。これが大きな要素です。いずれにしても、通所介護の事業者は、知恵を絞らなければならないこととなりました。

サービス提供時間が1時間長くなっても、サービスの品質を保てるプログラムと職員の提供体制が重要となったのです。いうまでもなく、通所介護もサービスの提供は、連携業務です。一人の職員が一人の利用者をケアするのではありません。介護保険のサービスは、リレー業務なのです。サービス提供体制が、マネジメントされていないとサービスの品質の低下とリスクが高まるのです。サービスの品質を上げるためには、サービスを提供する職員のマネジメントスキルを上げなければなりません。マネジメントスキルを上げるためには、チームに課題がなければなりません。その課題を目標としてリーダーと部下（片腕）が、達成するために協働して働かなければならないのです。

4 認知症の利用者への視点

今回の報酬改正で、視点にあるにもかかわらず抜けているものがあります。それは認知症の利用者に対するあり方についてです。認知症重度の方々を支える視点が、抜け落ちているように思います。24時間訪問介護看護が、徘徊等の問題行動をする認知症の利用者を支えられるのでしょうか。小規模多機能型居宅介護＋訪問看護が、少しは対応できるかと思いますが、絶対数が足りません。重度の認知症の利用者を施設でといっても施設の増加は、追いつきません。認知症対応型通所介護がその役目にあるはずなのですが、通常型通所介護とまったく同率に報酬が下げられました。必要性がないと判断したのでしょうか。理解ができない内容となってしまいました。

いずれにしても、新制度はすでにスタートしました。医療と介護の連携が、介護報酬のすべての中に含まれています。医療介護連携や認知症にふさわしいサービスを提供し続けるためには、チームの意識を変えなければなりません。変えるのは、リーダーです。リーダーが、率先してマネジメントスキルを活用して変化させなければならないのです。

MEMO

MEMO

MEMO

MEMO

MEMO

MEMO

MEMO

MEMO

編著者プロフィール

編者・著者

宮野　茂(みやの・しげる)

日本化薬経営戦略室新規事業開発部長をへて、社会福祉法人うらら副理事長、日本化薬メディカルケア株式会社代表取締役、帝京大学薬学部非常勤講師、東京都中小企業振興公社TOKYO起業塾講師、東京都・埼玉県主任介護支援専門員研修講師。著書に『デイサービスセンターの開発・運営マニュアル』(総合ユニコム)、『医療・シニア施設のデューデリジェンス』(総合ユニコム)などがある。

著者(第5章)

野口幸一(のぐち・こういち)

1953年生まれ。一般社団法人ホスピタリティ機構代表理事。社会福祉法人うらら評議員。東京観光専門学校講師。著書に、『レッツ、ホスピタリティ！』(共著、経済法令研究会)、『ハイ、MKタクシーの青木定雄です—「京都発」しなやか・したたか経営』(共著、ダイヤモンド社)などがある。

総監修者プロフィール (50音順)

江草安彦(えぐさ・やすひこ)

社会福祉法人旭川荘名誉理事長、川崎医療福祉大学名誉学長
1926年生まれ。長年にわたり、医療・福祉・教育に従事、医学博士。旧制広島県立福山誠之館中学校卒業後、岡山医科大学付属医科専門部(現・岡山大学医学部)に進学し、勤務医を経て総合医療福祉施設・社会福祉法人旭川荘の創設に参加、85年より旭川荘の第2代理事長となる。現在は名誉理事長。川崎医療福祉大学学長(～03年3月)、川崎医療福祉大学名誉学長および川崎医療福祉資料館館長(現在に至る)。00年、日本医師会最高優功章受章、01年保健文化賞、06年瑞宝重光賞、09年人民友誼貢献賞など受賞多数。

大橋謙策(おおはし・けんさく)

公益財団法人テクノエイド協会理事長、元日本社会事業大学学長
1943年生まれ。東京大学大学院教育学研究科博士課程修了。日本社会事業大学教授、大学院研究科長、社会福祉学部長、社会事業研究所長、日本社会事業大学学長を経て、2011年より現職。埼玉県社会福祉審議会委員長、東京都生涯学習審議会会長等を歴任。著書に、『地域社会の展開と福祉教育』(全国社会福祉協議会)、『地域福祉』『社会福祉入門』(ともに放送大学教育振興会)、『地域福祉計画策定の視点と実践』(第一法規)、『福祉21ビーナスプランの挑戦』(中央法規出版)ほか。

北島政樹(きたじま・まさき)

国際医療福祉大学学長
1941年生まれ。慶應義塾大学医学部卒。外科学(一般・消化器外科)専攻、医学博士。慶應義塾大学名誉教授。Harvard Medical School、Massachusetts General Hospitalに2年間留学。杏林大学第一外科教授、慶應義塾大学病院副院長、院長、医学部長を経て名誉教授。国際医療福祉大学副学長、三田病院院長を経て国際医療福祉大学学長(現職)。英国王立外科学会、アメリカ外科学会、イタリア外科学会、ドイツ外科学会、ドイツ消化器外科学会、ハンガリー外科学会名誉会員およびポーランド外科学会名誉会員。New England Journal of Medicine、World Journal of Surgery、Langenbeck's Archives of Surgeryなどの編集委員。ブロツワフ大学(ポーランド)、センメルワイス大学(ハンガリー)名誉医学博士。

介護福祉経営士テキスト　実践編Ⅱ－7

リーダーシップとメンバーシップ、モチベーション

成功する人材を輩出する現場づくりとその条件

2012年11月1日　初版第1刷発行

編著者　宮野　茂
発行者　林　諄
発行所　株式会社　日本医療企画
〒101-0033　東京都千代田区神田岩本町4-14　神田平成ビル
TEL. 03-3256-2861（代）　http://www.jmp.co.jp
「介護福祉経営士」専用ページ　http://www.jmp.co.jp/kaigofukushikeiei/
印刷所　大日本印刷株式会社

ISBN 978-4-86439-104-7 C3034　定価は表紙に表示しています。

これからの介護・福祉事業を担う経営“人財”

介護福祉経営士テキスト　シリーズ 全21巻

総監修

江草 安彦 社会福祉法人旭川荘名誉理事長、川崎医療福祉大学名誉学長
大橋 謙策 公益財団法人テクノエイド協会理事長、元日本社会事業大学学長
北島 政樹 国際医療福祉大学学長

【基礎編Ⅰ】テキスト（全6巻）

1	**介護福祉政策概論** ――介護保険制度の概要と課題	**和田　勝** 国際医療福祉大学大学院教授
2	**介護福祉経営史** ――介護保険サービス誕生の軌跡	**増田雅暢** 岡山県立大学保健福祉学部教授
3	**介護福祉関連法規** ――その概要と重要ポイント	**長谷憲明** 関西国際大学教育学部教授・地域交流総合センター長
4	**介護福祉の仕組み** ――職種とサービス提供形態を理解する	**青木正人** 株式会社ウエルビー代表取締役
5	**高齢者介護と介護技術の進歩** ――人、技術、道具、環境の視点から	**岡田　史** 新潟医療福祉大学社会福祉学部准教授
6	**介護福祉倫理学** ――職業人としての倫理観	**小山　隆** 同志社大学社会学部教授

【基礎編Ⅱ】テキスト（全4巻）

1	**医療を知る** ――介護福祉人材が学ぶべきこと	**神津　仁** 特定非営利活動法人全国在宅医療推進協会理事長／医師
2	**介護報酬制度／介護報酬請求事務** ――基礎知識の習得から実践に向けて	**小濱道博** 介護事業経営研究会顧問
3	**介護福祉産業論** ――市場競争と参入障壁	**結城康博**　淑徳大学総合福祉学部准教授 **早坂聡久**　社会福祉法人柏松会常務理事
4	**多様化する介護福祉サービス** ――利用者視点への立脚と介護保険外サービスの拡充	**島津　淳**　**福田　潤** 桜美林大学健康福祉学群専任教授

【実践編Ⅰ】テキスト（全4巻）

1	**介護福祉経営概論** ―― 生き残るための経営戦略	**宇野　裕** 日本社会事業大学専務理事
2	**介護福祉コミュニケーション** ―― ES、CS 向上のための会話・対応術	**浅野　睦** 株式会社フォーサイツコンサルティング代表取締役社長
3	**事務管理／人事・労務管理** ――求められる意識改革と実践事例	**谷田一久** 株式会社ホスピタルマネジメント研究所代表
4	**介護福祉財務会計** ――強い経営基盤はお金が生み出す	**戸崎泰史** 株式会社日本政策金融公庫国民生活事業本部融資部専門調査役

【実践編Ⅱ】テキスト（全7巻）

1	**組織構築・運営** ――良質の介護福祉サービス提供を目指して	**廣江　研** 社会福祉法人こうほうえん理事長
2	**介護福祉マーケティングと経営戦略** ――エリアとニーズのとらえ方	**馬場園　明** 九州大学大学院医学研究院医療経営・管理学講座教授
3	**介護福祉 IT システム** ――効率運営のための実践手引き	**豊田雅章** 株式会社大塚商会本部 SI 統括部長
4	**リハビリテーション・マネジメント** ―― QOL 向上のための哲学	**竹内孝仁** 国際医療福祉大学大学院教授／医師
5	**医療・介護福祉連携とチーム介護** ――全体最適への早道	**苛原　実** 医療法人社団実幸会いらはら診療所理事長・院長
6	**介護事故と安全管理** ――その現実と対策	**小此木　清** 弁護士法人龍馬　弁護士
7	**リーダーシップとメンバーシップ、モチベーション** ――成功する人材を輩出する現場づくりとその条件	**宮野　茂** 日本化薬メディカルケア株式会社代表取締役社長

※タイトル等は一部予告なく変更する可能性がございます。